自分のすべてにOKを出せば、人生はこんなに変えられる

Give yourself the OK to change your life

藤沢 あゆみ

by Ayumi Fujisawa

青春出版社

自分のすべてにOKを出せば、人生はこんなに変えられる　目次

Chapter

2 すべての感情をあなたの味方にしよう

Chapter 3

どんな環境・条件でもOK。人は損だけも得だけもしない

Chapter 4

人づき合いが苦手でもだいじょうぶ

Chapter 5

しあわせな恋愛・結婚のために。すべては愛にもとづいている

Chapter 6
何があっても仕事を楽しむ極意

Chapter

7

ＳＮＳ時代を軽やかに生きる あなたの「いいね！」がみんなの「いいね！」

本文デザイン／黒田志麻

Prologue

自分にＯＫを出すってどんなこと？

藤沢あゆみです。

わたしは、２００３年からこれまで29冊、恋愛や、人間関係がうまくいく方法の本を書いてきました。

わたしのところには、恋愛のこと、仕事のこと、人間関係のこと、夢や目標のこと、ありとあらゆる相談が寄せられますが、そのおなやみの原因をつきとめていくと、答えはたった1つであることがわかりました。

それは、**自分にOKを出せない**ということ。

ところで、あなたは自分のことが好きですか?

そう聞くと、なやんでいる人は、多くの場合、自分を好きになれない、嫌いですと答えます。

ですが、**残念ながら、自分を嫌いな人はひとりもいません。**

正しくは、自分を好きな自分にOKを出せていないのです。

好きでいたいのに、好きになれない状況にある自分、だからOKは出せない。

もっとしあわせでいたいのにしあわせじゃないから

もっとかわいいといいのにかわいくないから
もっと仕事ができたらいいのにできないから

理由はいろいろありますが、不十分なのにOKを出してしまうと、大好きなわたしが、不十分な人だとみとめることになってしまう。

なぜ、自分を嫌いな人はいないと言い切れるのか。
怪我をしても数日すれば治ってきます。髪を切り過ぎても伸びてきます。昨日食べ過ぎたと思っても、今日になればお腹が空きます。
あなたがどんなに自分を嫌っても、無意識に、あなたはいい自分になるほうに向かっているのです。

そして、自分を嫌いだ嫌いだと思っている人も、24時間、息をするように自分を嫌っているわけではなく、何か嫌なことがあった時に、こんな自分は嫌い！　と思い出したように意識するだけなのです。

日常生活のなかで、たまに落ち込むことは誰にでもあります。だからと言って、その人は、生涯落ちた人生の人ではない。落ち込む時もある、というだけ。

そもそも、怒りや悲しみは、いつもと違うアクシデントだからこそ、強く思うのです。

わたしは、自分を好きになる、自分にOKを出すということが、誤解されていることが多いなと思ったので、本に書くことにしました。

自分を好きになるとか、自分にOKを出すことは、素晴らしい自分、優れた自分にならなければできないことではありません。

本当に自分にOKを出すとは、もっともっとハードルが低いことですし、実は**自分にダメ出しばかりしている人ほど、たくさんOKを出すことになる**のです。なんて言われても、ワケがわからないかもしれませんが、その方法をこれから語っていきますので、楽しみにしていてくださいね。

NGから始まったわたしの人生

さて、どうして自分にOKさえ出せれば、人生がうまくいくとまで断言するのか。

それは、自分自身の人生がNGから始まったからです。

わたしには、生まれながらにして血管腫という持病があり、10人の人がいたら9人は二度見して指をさしてしまうような顔をしていました。

左の顔が右の倍に膨《ふく》れ上がり、赤い紙を貼り付けたように赤くなっていました。

まさに、おとぎ話のこぶとりじいさんのようだったのです。

わたしとすれ違う時、大概の子どもは指をさしたり、ゲッとかうっとか言います。

その日も、向こうから見知らぬ女の子が歩いてくる。

その子が、わたしとすれ違う時、声を発しました。

「あっ」

ああ〜また何か言われると身構えたわたしに、彼女はこう言ったのです。

「服、かわいいね」

かわいいね……かわいいね……かわいいね……

わたしはとっさのことに、頭のなかで何度もリフレインしました。

そうか！

顔が「ゲッ」とか、「うっ」とかいう感じでも、服が目立っていたら、服のほう

を見る人もいるんだ！

NGから始まったわたしに、見知らぬ女の子がOKを出してくれました。
そのことは、今後の人生を左右するほどの大きな気づきになったのです。
子どものわたしは、この女の子がほめてくれた服のようにいいところを、いっぱい作ればいいんだと思ったのです。

わたしには、顔というでっかいNGがあるけど、かわいい服を着るというOK以外に、ちいさなOKをいっぱい集めれば、**差し引きOK**のほうが多い！　になるんじゃないかと思ったのです。

そもそも、わたしはかなりあつかましい奴でした。
顔は残念だけど、人気者になる方法はないかな？　と考えたのです。

スーパーポジティブ、というよりも、それしか道はないと思いました。

見た目とか、頭のよさとか、運動神経とか、明確な長所がないからこそ（そうなんです、勉強も大してできないし運動音痴だったのです、残念！）、**人気者になるしか道はない！**　と思ったのです。

そりゃ、指をさされるのは嫌だし傷つくけど、変な顔だから指をさしたい気持ちもわかる。指をさしてのけ者にしようとしている子が、どんな感じだったらわたしを好きになるかなと思った時、みんなの人気者だったらいいかなと。

でも、どうやって？

わたしは、見た目、勉強、運動など王道の長所以外で、友だちに好かれそうな長所を持てないか、頭をひねりました。

明るい性格、おもしろい、優しい、長所にできそうなことは確実に身につけていくことにしました。

どうしてそんなにポジティブに考えられるのかとよく聞かれますが、単純な話、あらかじめ大きなＮＧがあると、これ以上失点できません。

自分次第でできることは何でもしよう。性格や考え方なんて最も自分次第でいかようにもできるところ。

さて、この話の重要なポイント、わたしが、**自分のすべてにOKを出している**ことにお気づきでしょうか？

それは、自分のアンラッキーをポジティブに捉えるということではなく、

自分の顔が残念（ＮＧ）と思う自分にOK
指をさされて嫌な気持ちにもOK
自分を指さす人にもOK
人気者になりたい野望もOK

大きなＮＧがあるなら、小さなOKを増やしてＮＧより大きくしよう。

つまり、自分がNGだと思う、自分を否定することにOKを出しているのです。

もちろん、もっとかわいく生まれたかった。だけど、一生治らないと思っていたので、一生このNGがなくならないとしたら、これがあってもOKな人にならない限り、人気者にはなれないと覚悟ができたのです。

見た目に難ありのわたしが恋愛作家になったワケ

このような生い立ちを経たわたしは、大人になって本を出版するのですが、わたしの本の中で一番多く売れているのは、恋愛の本です。

なぜ、10人中9人が二度見するような人生のスタートから、恋愛の本が出せるようになったのか。実は、ある意味なるべくしてなったと言えます。

わたしは、恋愛をする年齢になる前に、目の前のすべての人と、受け入れてもらえるかもらえないかの真剣勝負をしていました。

わたしにとって恋愛は、「あなたでもいい」と思ってくれる人とだけすればいいので、顔がこんなだとできないという感覚はありませんでした。

なにしろ、ぱっと見で引かれてしまう見た目なのに人気者を目指すとしたら、コミュニケーションはもちろん、それ以前のいい雰囲気を出す方法など、モテ技研究するしかありません。**必要に迫られたモテ研究**だったのです。

と言っても、コンプレックスを克服して好かれるには、という感覚はありません。

残念なことは残念でOK。

その上で、あなたでもいいと言ってくれる人に出会うには、と考えたのです。

そう言われても、自分にOKを出せない。やっぱり自分を好きになれないと思っているあなたへのお話から始めましょう。

Chapter 1

ありのままのあなたにOKを出そう

Chapter 1

ありのままの自分

嫌な自分の見た目にＯＫを出すと自分を好きになる？

恋愛、仕事、人間関係。
すべては、ぱっと見からスタートします。

これから、ひたすらあらゆることがOKになる方法を書いていきますが、まず一番最初にOKしてほしいのが、あなたの見た目です。
ここにOKが出せていないことには、恋愛でも、仕事でも、人間関係にもつまずいてしまいます。

あなたは、自分の見た目にＯＫを出していますか？

わたしは、ほとんどOKを出せないところからが人生のスタートでした。だからあなたが、自分の見た目が嫌いと言っても、「ダメだよ、誰にでもいいところはあるから」などと綺麗事を言って諭《さと》す気はありません。

自分の見た目が嫌いなら、大いに嫌ってください。自分の見た目が嫌いなあなたにOKです。見た目のいい人が羨《うら》ましいあなたにもOKです。見た目についての、すべてのネガティブ感情にOKです。

まずは、自分の見た目の嫌いなところをひとつ残らずあげてください。実は見た目にコンプレックスがあるという人は、コンプレックスという四捨五入的な便利な言葉で、十把一絡《じっぱひとから》げにしてざっくりと嫌がり、**具体的に嫌がっていない**んです。

人間、嫌なことがあった時、何が嫌なのかを明確にしない限り、その嫌なことから抜けられません。ざっくりと、自分は見た目が悪いから、恋愛も仕事も人間関係もうまくいかないと思っている限り、そこから抜けられないのです。

見た目がいいと、ラッキーであることは間違いありません。それを本当に、自分のしあわせに役立てていない人もいますが、うまく使えば、何もしなくても相手が好感を持ってくれるチャンスも多くて、お得です。

見た目が悪い場合、逆に何もしなくても悪印象を持たれる場合がありますから、階段で言うと、見た目のいい人が10階からスタートするところを、見た目の悪い人は地下4階からのスタートで、1階にすらいない場合もあります。それを損だよなぁと思うのも自然なこと。そんな自分にOKしてください。

自分の見た目が嫌なら、ちゃんとディスろう！

さて、あなたは自分の見た目のどんなところが嫌ですか。
わたしが自分の見た目で残念だなぁと思っているところを挙げてみますね。

1 顔がシンメトリーではありません。美人の条件のひとつにシンメトリーであることがありますが非常に残念！

2 笑う時、口角を均等に上げられません。誰でも好感を持たれる笑顔が一番不細工で残念！

3 髪質がイマイチです。せめて顔以外は美しくありたかったところですが残念！

4 顔がでかいです。顔が残念ならせめて小顔になりたかったのに残念！

5 視力に左右差があり、写真を撮ると目線が自分だけ変で残念！

6 姿勢が悪いです、ぶっちゃけ猫を背負っています、残念！

7 目の下が隈っぽくて、肌質はいいのに、このせいでやつれて見えます、残念！

8 横顔の輪郭が美しくありません、輪郭が綺麗だと良かったけど非常に残念！

さて、何回「残念」と書いたでしょう？　欠点ばかり聞かされて、疲れちゃいました？

それほど嫌な感じがしなくないですか？

わたしは関西人なので、やや自分ツッコミが入ってることもありますが、なぜあまり嫌な感じがしないかと言えば、**客観的に事実を述べているだけで、負の感情が**

入っていないからです。

あなたもぜひ、自分の欠点を冷静にピックアップしてみてください。出なくなるまで。

そして、すべて挙げたら、自分の欠点にOKするわけですが、

顔がシンメトリーではありません。美人の条件のひとつにシンメトリーであることがありますが非常に残念！

顔がシンメトリーじゃなくて残念、と自分が思っていることにOKを出します。

顔が残念でも我慢しようということがOKではなく、顔がシンメトリーじゃないと残念だ、と自分が思っていることにOKを出すのです。

ややこしいですが、**自分にNGを出している自分にOK、そのNGの内容にもOKを出す**のです。

こんな感じでOKを出していくと、わたしはここで、8つの見た目に対して残念だと思っていることにOKを出すことになりますね。

自分の見た目の欠点を冷静に淡々と全部挙げてしまう。そんなことをしたら嫌な気分になると思いますか？　実は、自分が嫌いという人は、どこかで自分を卑下してはいけないと自分をディスりたい欲求を抑えているので、**欠点を堂々と全部挙げてしまうとスッキリしますよ**。しかも、出した欠点にはOKするわけですから。

わたしは、自分に残念なところがあったら、そこはあっさりあきらめ、新たないいところを作ろう、目の前のNGなことは放っておいて、いいところ、OKを増やそうとしました。

おかげで、服装をほめられたり、スタイルをほめられたり、全体的に好印象をあたえることもできると気づきました。

「短所をあきらめ、長所を伸ばす」の落とし穴とは

しかし、ここには落とし穴がありました。

短所はあきらめ、長所を増やす、それは間違っていないけど、実は本当の意味で短所を受け入れてなかったんです。

わたしが挙げている残念なところの中には、あきらめるしかない残念なところもありますが、心がけ次第で改善できることもあります。

たとえば、姿勢。

姿勢がいいだけで、かなり美人に見えます。これは、持って生まれた素材と関係がないですよね。努力次第で姿勢よくできそうです。

おもしろいことに、姿勢は悪いのですが、立ち姿はよくほめられます。

コンサルティングの仕事で、お客さまと一緒に写真を撮る時、立ち姿が綺麗だと言っていただくのです。

なぜかと言えば、わたしは脚のラインをよくほめていただいて、脚は結構いい感じなのかも？　と自分の脚のラインにOKを出したことによって、さらによくしようと工夫したところ、脚を綺麗に見せる立ち方が身についたのです。

綺麗な人は、多くの場合、写真に写るのも得意でバシッとキメ顔ができます。

その根本は、自分の顔にOKを出しているからです。

そこで、**優れているからOKを出せるのではなく、最初からOKを出していたら早い**とふと思いました。

たとえばわたしが、顔についてはあきらめよう、ではなく、今挙げた8つの残念なことにOKを出して、うんうん残念なのはわかった、しかし、全部改善できないこと？と、細かい改善点に最初から目を向けていたら、残念なところをもう少し減らせたかもしれませんね。

そのことに気づいたわたしは、目線を合わせること、姿勢をよくすること、髪質はイマイチだけど、綺麗に巻き髪にすること、口を開けて笑うと不細工だけど、その後口角をまっすぐ上げる口を閉じた笑顔にする、などできることをやっています。

自分の見た目が嫌いだという人は、往々にしてざっくり嫌がっていて、改善できる点に目を向けていません。

顔がイマイチでも肌が綺麗だったり、髪が綺麗だったり、スタイルがよかったり、長所はいろいろあるのに、野暮ったい服装をしていたり、姿勢が悪かったり、美しくなることそのものから降りていることが多々あるのです。

自分の残念なことを明らかにして、残念だと思う気持ちにOKを出してくださいね。

Chapter 1

ありのままの自分

「もう若くない…」の更新は、今すぐやめよう！

「もう若くないから……」

ちょっと待って、**その言葉、何才から言ってますか？**

もう年だ、と言う人は、今よりずっと若い時からその言葉を言っていて、今も絶賛、もう若くないを更新中だったりしませんか？

いつから言ってたかな？　ふと気がつくと言ってた気がする。25才過ぎたら、アラサーともなると毎年「もう若くない」を更新している。

その習慣、そろそろやめませんか?
今は確実に1秒後よりも若いですし、このページを読み終えた時より今は若いわけです。

あなたが、もう若くないから結婚できないと言いながら、結婚していないとしたら、あなたはそんなに困っていないのです。本当に若くないから結婚できないと思っていて、どうしても若いうちに結婚したいと思っていたなら、ジタバタしてなんとかしていたでしょう。

たとえば、今日スマホ代を振り込まないとスマホが止まってしまうなら、即払いに行きますよね。職場に行ったり人に会うのに朝、歯磨きせずには出かけない。

歯磨きや公共料金の支払いほどは、あなたは困っていない。と、絶賛、独身更新中のわたしが書いています。
そうです、わたしは、若いうちに結婚しなきゃ困ると思っていなかったようです。
正確には、結婚したくないと思ったことはないし、付き合った人と、結婚したいと思ったことは何度かあります。だけど、結果的に結婚していません。

もしも、どうしても若いうちに結婚したいと思っていたなら一刻も早く、新たな結婚につながるご縁を得ようとしたはず。

みとめたくないけれど、わたしには今の状況がぴったりだったようです。

結婚したいのにしていない本当の理由とは

はい、自覚があります。

わたしは、結婚については恋愛とはちょっと違うぞと思っていました。

恋愛は、彼がわたしを選んでくれたらそれでOKだけど、結婚は彼だけではなく、彼のご両親や、親族も関わってくる。そうなると、わたしのような見た目がいわくつきの女ではなく、普通の女性のほうがいいだろう、と思っていたことがひとつ。

もうひとつは、自分の見た目の症状が子どもに遺伝したら、パートナーや、パートナーのご両親に申し訳ない、という気持ちがありました。

でもある時、ふと思ったのです。

普通の女性とはなんぞや？

確かに、彼女の遺伝子がそのまま遺伝してくれるといいなと思うような美しい女性とわたしを並べたら、前者のほうが多くの人に選ばれるでしょう。ですが、わたしがいい、と思ってくれる人がいたなら、ご両親も親族も、彼が選んだわたしにOKを出してくれることだって十分に考えられます。

実は、相手の親族に申し訳ないと思っているつもりが、何年か前までのわたしは恋愛という場には抵抗なく飛び込めるけど、自分は普通に結婚するのは難しいだろう、遺伝がこわいから出産は難しいだろうと、**他でもなく自分自身が「普通」にこだわっていたん**です。

すべての男性が普通のほうがいいと思うとは限らないし、**そもそも普通とは何？**

それは人によって違う。

わたしはずっと、普通の人は、相手が普通じゃないと、どれくらい抵抗があるんだろうと考えていて、自分が普通じゃないからわからないと思っていました。

わたしは、自分が先天的に、人と違うスタートだったので、普通じゃないことへの耐性ができていて、どんな人であってもその人なりに素敵になれると思っています。だけどこの考え方は、自分が普通じゃないからだろうと思い込んでいました。

普通の人は、どれくらい、普通じゃないことに抵抗があるんだろうと大真面目に考えていました。

その結果、**考えてもわからない！** わたしでいいって言う人なら、そもそも、普通じゃないとも思わないかも？ と今更のように思ったのです。この段階でわたしは、若くない年齢になっていました。

どんなわたしでもOK、子どもに遺伝するかしないかは神のみぞ知る。そう思えた時には、出産の可能性は極めてゼロに近くなっていました。うーん……20年くらい前にこの感覚になりたかったけど、これがわたしのベストタイミングなのでしょう。

望まない今にＯＫを出すと、本当の望みが見えてくる

あなたが今、若くなくて結婚できていない自分にOKを出せていなくても、あなたにはそうなる意味があって、今を選択しているのです。

自分は若くないと思っている自分にOK、そして、今を選んだことで、あなたにとってどんな意味があったのか考えてみてください。

単にモテないとか、ご縁がなかったからではなく、**今の状況を選んでいる意味が必ずある**んです。それを知るには、まず、今の自分にOKを出してください。

わたしはこれから、大人のパートナーシップを築くのがすごく楽しみです。自分の子どもを持たない代わりに、子どもを持たれている人の相談に乗ったり、若い人の恋愛相談に乗ったりして、ファミリーと関わっていく人生なんだなと、自分の今

にOKを出せました。

もちろん、結婚もあきらめていません。男性だってひとりで年をとっていくのは寂しい、残りの人生を一緒に年を重ねていくパートナーがほしいと思っている人が必ずいると信じています。

Chapter 1

ありのままの自分

なやめるあなたが自信家になる方法

あ、なんか、この言葉、見たことある！

ＬＩＮＥに届いたおなやみ相談の末尾５文字が、まったく同じ……。

「すぐに愚痴を言ってしまいます」

「いつも何か足りないと思ってしまいます」

「寂しくなってしまいます」

全部、～しまいます。ここには、共通したとある言葉があぶり出しで見えます。

その言葉とは、

「こんな自分ダメですよね、あゆみさんダメと言ってください」

という言葉です。

〜しまいます、と書く時、人は自分で自分にダメ出しをしています。


「わたし、愚痴を言うのが大好きなんです！」

「足りないところを見つけるのが楽しくって！」

「寂しさに浸るのが快感なんです！」


〜してしまいます、と言う人の本音って、実はこうなんです。もうさっさとそんな自分にOKしちゃいましょ。


愚痴を言ってしまう自分にOK！

不満いっぱいの自分にOK！

何か足りないと思ってる自分にOK！

それが、素直な気持ちなんですから、ダメだなんて思う必要はありません。

こういった、～してしまいますと相談をする人には、もうひとつ共通点がありま す。それは「自分に自信がない」という言葉が、もれなくついてきます。

自分に自信がある人の正体とは？

さて、その真逆の「自分に自信がある人」ってどんなイメージでしょうか？

堂々としていて、恋愛も、仕事も、人間関係もうまくいっている人というイメージでしょうか？

自信がある、というとすごく強くて、立派なイメージですよね。

「自信がある」という言葉を、よく見てください。

本当に自信があるとは、「自」分という「人」間が「言」ったことを、それも「ある」とみとめることです。

愚痴を言ってしまう自分にOK！

不満いっぱいの自分にOK！
何か足りないと思ってる自分にOK！

これができている人こそが、本当に自分に自信がある人です。
あれ？　それって、～してしまいますと言ってる人じゃないですか！

実は、**自信があるように見えるあの人も、本音はあなたと同じ**です。愚痴も言いたくなれば、不満もいっぱい、満ち足りていない。ただ、～してしまいますとおなやみ相談をしている人との違いは、自分の本音にOKを出していることです。
ダメな自分にOKを出しているからこそ、解決する行動が起こせて、他人から見て自信があるように見えるのです。

愚痴を言う自分を受け入れているから、愚痴りたくならないくらい行動する。
不満があるから、解消しようと行動を起こす。
何か足りないから、つかみに行く行動を起こす。

ネガティブこそが行動の源で、行動を起こした人が、周囲から見て自信がある人に見える。それが、自信がある人の正体なのです。

あなたが自分をネガティブだと思っているなら、**ネガティブな気持ちにＯＫを出してください。それが、自分に自信が持てる第一歩**なのです。

Chapter 1

ありのままの自分

自分の性格を自在に操る方法

持って生まれた性格は、変えられない？　変えられる？

わたしは、変えられると思っています。人生のスタートが、10人いたら9人は指をさすというハードモードだったので、可能な限り好かれる子になってやろうと取り組みました。

実は、大人になってからも、自分のまわりであまりにも揉め事が多かった時、自分からは絶対人を嫌わない、いい人になり切ろうと思って取り組んだこともあります。

その結果、まったく無理はなく、そう振る舞っているとそうなれる、性格は変えられるというのが実感です。

そして、わたしは**誰でも性格は変えられる**と思っています。その方法をお話しましょう。

そもそも、性格ってなんでしょうか？

性格とは、広辞苑によると、「各個人に特有の、ある程度持続的な、感情・意志の面での傾向や性質」とあります。

各個人に固有とある通り、性格は、生まれつき持っているもので、変えられないと言われますが、**あなたが今の性格を嫌いなら、変えることも可能**だとわたしは思います。

なぜなら、ある程度持続的な、感情・意志の面での傾向や性質ということですから、ある程度持続的に、感情と意志が変わるような行動をとれば、後天的に性格を変えることも可能なのです。

今すぐ性格を変える手順

たとえば、消極的な性格が嫌で、変えたいとします。

その場合、何かを決断するシーンで、よく考えないで行動を起こしてみます。自分にとってしっくりくるのは、慎重に考えてなかなか決めないことなので、その行動は落ち着かないでしょう。でも、一回やったら、やる前には想像がつかなかった「そんなに考えずにやってもだいじょうぶなんだ」と実感できます。

次に決断が必要なことがあったら、また、よく考えないで行動します。次は最初よりも、落ち着かなさが減るでしょう。

あとは継続して、よく考えないで行動するというパターンを続けていきます。最初は、感情や意志がついてこなくても、行動を優先していたら、だんだん気持ちもついてきます。

性格を変えるには、明るい性格になろうとか、強い意志を持とうとしないで、**今の自分のまま、ただ、行動を変える**。消極的で、慎重な人には一番こわいことのような気がしますよね。失敗するのがこわい、大変なことになりそうでこわい。ならば、失敗しないことからやるんです。

失敗しない行動例としては、人とランチに行った時、パッと目に入ったメニューをオーダーしてみる。慎重な人はこういう時も、他の人が何をオーダーするのか、まわりの出方を見てから決めたり、おいしくないものを選んで失敗したくないと思いがちですが、失敗かどうかは、まわりにはわかりません。

自分のオーダーがまわりと違っても、あの人のオーダーは自分勝手だなんて誰も思わないし、オーダーしたものがおいしくなかったら、自分自身は残念ですが、あの人、おいしくないものを頼んで失敗したとは誰も思いません。

むしろオーダーを失敗したことをネタにすればいい。

「今、直感でなんでも決めるっていうのをやってみてるんだけど、直感で選んだら、これめっちゃまずい。失敗しちゃった」

なんて言ったら、場が和《なご》みそうですね。

特に大きな損害がないところで、行動を変えてみる。そのパターンに慣れてきたらだんだん、仕事とか、恋愛とか、他人が絡《から》むことにチャレンジします。かなり多くのことが、直感で決めてもだいじょうぶだということに気づくでしょう。

逆に、もっと慎重な性格になりたいなら、直感で「これがいい」と思っても、すぐに決めない行動をとってみます。あえて、もう一度考え直してみるとか、人の意見を聞くなど、「すぐに決めない」をやってみるんです。

自分の性格が嫌なら、朝起きたら歯磨きするくらいの感覚で、反対の行動をとることを習慣化してください。

継続していけば、今のあなたにはない、感情と意志のパターンを身につけることができ、結果的に性格が変わってきます。

心配しなくても、正反対の行動を選んだからといって、正反対の性格にはなりません。視野が広がり、程よい感じになるでしょう。わたし自身、子どもの頃、好かれる子になろうと行動をとっても、好かれ過ぎることはなかったし、大人になって自分からは誰も嫌わないいい人をやっても、好かれ過ぎることはありませんでした（笑）。

そもそも性格、変えたいですか？

性格を変える方法を紹介しましたが、あなたは性格を変えたいですか？

自分の性格が嫌いだと思う時って、何かトラブルが起こり、その原因が性格にあると思ったり、解決したいことが解決しない理由が、自分の性格にあると思った時です。

あるいは、「自分はこうしたいのに、人とぶつかる、それは性格のせいだ！」と思った時ですね。

ですが、**あなたの性格はダメなものでしょうか？**

あなたが嫌いだと思っている今の性格の中には、あなたが生きていく上でゆずれない、大切にしたいことがあるはずです。

赤ちゃんの時は、みんな同じ、泣くかはしゃぐか眠るかだった。そこからあなたは時間をかけて、今の感情と意志のパターンを身につけていきました。あなたにとって、しっくりくるほうを選んでいったら今の性格になっているのですから、まずは、自分がその性格を選んでいることにOKを出してくださいね。

あなたの性格がダメなのではなく、うまく活かせていないだけではないでしょうか？　これから、あなたのありのままの性格を活かす方法を考えてみましょう。

では、あなたがイマイチだと思っている、自分の性格を挙げてみてください。

たとえば、消極的、心配性、人の目を気にする性格の場合、ここぞという時に行動できなかったり、人に先を越されたり、損をすることもあるかもしれません。

ですが、その性格だから得をしたり、人に好感を持たれるところだって当然あります。

そこで、あなたの性格のいいところを挙げてみましょう。

消極的で、心配性、人目を気にする性格の人は、誰も気づかないところに気づくので、一緒にいると心地よかったり、もてなすことが得意で、美的な感覚に優れています。アートやビジネスの世界で成功している人も多いです。成功している彼らは、自分の性格をうまく活かしているのです。

自分の性格をうまく活かすには、自分にどんな性格があるか把握して、その性格を自分のやりたいことや、対人関係にいかにいい形で活かすかを考えること。

そして、**自分の性格だとやらないことをやってみてください**。それによって、自分とは違う人の感性が理解できるようになり、それぞれの違いを尊重できるようになるのです。

あなたの性格はあなたの人生です、OKを出して最大限に活かしてくださいね。

Chapter 2

すべての感情を
あなたの
味方にしよう

Chapter
2
すべての感情

愚痴、不満で愛を叫べ！

「そんなの綺麗事じゃない？」
いきなり突っ込まれました。

「愚痴や不満を持っているなら、出し切っちゃえばいい。愚痴を言ってしまう自分にOKを出そう。あなたの素直な気持ちなんだから、ダメだなんて思う必要はない。本当に自分に自信があるとは、愚痴や不満があるということを、受け入れている人だよ」

そんな話をした時、突っ込まれたのです。

「あゆさん、愚痴りたい人の気持ちわかってないね。愚痴りたい人って、自信があるように見せたいなんて思ってない。意識高い系になりたいなんて思ってないよ。愚痴や不満を自信に昇華できてる人なんてそういないし……」

確かに、愚痴りたい人の気持ちの掘り下げ方、甘かったかも？
愚痴や不満を言う人と話していると、こんな言葉が出てきます。

「わたしは、こんなにがんばっているのに」

大概、最後に「～のに」がくっついています。「のに」の後には、わかってくれない誰かや、自分よりがんばっていないのにみとめてもらっている誰かの姿がある。
「のに」は、わかってほしい気持ち。愚痴や不満を言う時、大切にしてほしいと訴えている。それは、自分が大切だから、自分が好きだから。

自分にOKを出したいから。

自分がOKを出したいのに、まわりからはOKを出してもらえない。もっとわたしを大切にして……、

ひと言で言えば「愛されたい」

それが、愚痴や不満の正体です。

ディスを止めるな！

愚痴や不満を言いたくなったら、心置きなく言ってみましょう。まわりはまだ、あなたの愛されたい気持ちに気づいていないから、まずは、あなたが自分を自分で愛するんです。

愚痴や不満がよくないのは、その裏にある気持ちにあなた自身が耳をすませずに垂れ流しているから。

本当はそこに、自分を愛する気持ちや、わかってほしい気持ちや、みとめられたい気持ちがあるのに、単に自分のネガティブな気持ちを吐露しただけで終わっている。

さらには、心の奥で、愚痴や不満を言うのはいけないことと自分にNGを出していて、恐る恐る言っているから、言えば言うほど後ろ向きな気持ちになるし、誰かに話しても、自分を罰しながら話しているから聞かされた相手にしたら重くて不快になるんです。

つまり愚痴や不満の内容そのものよりも、**愚痴や不満を言う自分自身にNGを出していることが、愚痴や不満が何も生み出さない理由**です。

愚痴や不満が止まらないなら、一度何の制限もかけないで、最後まで言い切ってみましょう。ネタが切れるまで言い尽くしてみる。正直な気持ちが出やすい方法で。

文章のほうが、正直な気持ちがはきだせるなら、文章に書きましょう。

人に話すなら、あなたの愚痴や不満を、ダメだとか言わずに聞いてくれる人に言うといい。**聞いてくれる人がいなかったら、自分の愚痴を、スマホのボイスメモに**

録ってください。

こんなに働いてるのに、給料が安い。わたしのほうが働いているのに、ほめられるのは同僚ばかり。上司に取り入るのが上手いだけなのに、みんなわかってない。

女らしくしてるのに、出会いがない。男に媚《こ》びを売るのがうまい女ばかりがモテて、美人じゃなくて気の利いたことも言えないわたしは、いつも引き立て役。

毎日、自炊して、食べ物に気をつけているのに一向に痩せない。好きなように食べているのにスタイルがいい人がいる。不公平だ！

放っておいてほしいのに、親が干渉してくる。長女のわたしに何かと頼ってきて妹は何も言われず、自由にしていてズルい。なぜこんなに扱いが違うのか。

いかがでしょうか？　あなたの愚痴や不満に近いものはありましたか？

愚痴・不満を有効活用しよう！

それでは、あなたが書いたり、言ったりした愚痴や不満を眺めてみましょう。

そこには、みとめられたいあなたや、大切にされたいあなたの姿があります。自分への扱いを理不尽だと思う時、そこにはこんな思いがあります。

自分はもっと大切にされていいはず。

それは他でもなく、**あなたがあなたを大切に思っていて、自分にOKを出しているから**です。大切なわたしを、もっと大切に扱ってよ！　というのが、あなたの本音で、心からの望みです。

ではここで、愚痴や不満のエネルギーを有効活用してみましょう。

愚痴や不満を言いたい自分にOKを出す

愚痴や不満の内容にOKを出す
愚痴や不満の中にある、みとめられたい、大切にされたい本心にOKを出す
愚痴や不満の中に登場する誰かへのマイナス感情にOKを出す

そして最後に、あなたが本当に望んでいることは何か、見つめてください。

砂金をふるいにかけて金を見つけ出すように、愚痴や不満には、真っ正直なあなたの望みがあります。

愛されたいこと、みとめられたいこと、成功したいこと、自由になりたいこと。

きっとそんな思いが残りますよ。


四六時中、誰かれ構わず愚痴や不満をぶちまけていたら、聞かされるほうも疲れてしまうし、ウザい、暗い人だと思われる。だけど、本来、愚痴や不満は、真っ正直な純粋な望みがかなえられないジレンマから起こるもの。悪者にしないでね。

ノートに書くのもよし、愚痴や不満を言い合える仲間を持つのもよし、ボイスメ

モに録るもよし、発散の方法を見つけ、純粋な気持ちを拾い上げてみてください。

ノートに書いた愚痴を眺めたり、ボイスメモに録った自分の不満を繰り返し聞くうちに、自分が本当に望んでいることが浮かび上がってくるようになります。

自分の愚痴や不満をダメなものと思わず、愚痴や不満にOKを出してください。

その中には必ず、純度の高いあなたの本音があるから。

Chapter
2
すべての感情

相談をしながら心を閉ざしてしまうのは、なぜ？

1秒でも早く、心を開いてもらう。
コンサルティングに来た人と話す時、わたしが一番意識していることです。
実は、多くの人が最初は心を閉ざしています。それはこんな言葉からわかります。

「わたしが、ダメだとはわかっているんですが」

わかっているんですが。
この言葉からはこんな気持ちが伝わります。

わたしは、自分がダメなことをちゃんとわかっている。だからこれ以上責めないで。

さらに掘り下げると、

わたしは自分がダメだということをちゃんとわかっている。だから、あなたが何と言っても直す気はないよ、と**自分で自分を責めつつ、人を受け入れないファイティングポーズをとっているのです。**

困っているから相談しているようで、直す気はないと宣言している。だったら解決しなくていいの？　相談にならないじゃん！　と思いますよね。

では、なぜ相談するかといえば、

わたしが自分を変えないで、まわりが変わってくれる方法を教えてください

という相談なのです。なにそれ？　かまってちゃんかよ！　と突っ込みたくなり

ますが、なかなか見所のある人だとわたしは思っています。

自分を変えないで、まわりが変わってほしい！

なんと強い主張でしょうか。これぞ、すべての人が望む本音です。

自分責めに潜む本音とは？

ここ最近、世間では「自分責めをやめよう」と言われています。そういう人が主張しているのがまさに、

あなたが自分を責めなくても、あなたのままでいればまわりが変わっていくよ

という主張なのです。

つまり、**自分責めをしている人と、自分責めをやめようと言っている人の根本は同じなんです。**

同じことなら、自分責めをして、自分もまわりも重い気持ちになるより、自分を責めないで、自分も楽でまわりも明るくするほうがみんなハッピーですよね。

あなたが自分責めをしようが、自分を責めなかろうが、同じこと。だからもちろん、自分を責めたくなるあなたもOKです。

「わたしがダメだとはわかっているんですが」

遠慮なく言って、その言葉の裏にあるあなたの本音に耳をすませてください。

これ以上責めないで。というのが本音なら、どんな風に責められそうと思っているのか。誰から、どんな言葉で？　それは本当？　思い込みじゃない？

たとえば、不倫はダメだとわかっているんですが、という場合、不倫をしている自分を、誰からどんな風に責められそうと思っているのか。

そんなこと、言うまでもないと思っているかもしれませんが、あなたが、自分責めをやめたいなら、自分を責めた時、一回一回どんな風に責められそうと思っているかを明確にすることが大切です。

もしかしたら、相談した相手（たとえば藤沢あゆみ）はあなたが不倫をしているからといって、責めないかもしれませんよ。

・わたしは自分がダメだということをちゃんとわかっている。だから、あなたが何と言っても直す気はないよ。

↓あゆみさんが不倫に反対でも、わたしは不倫をやめる気はないよ。

・わたしが自分を変えないで、まわりが変わってくれる方法を教えてください。

↓わたしが不倫をやめないで、まわりに理解される方法を教えてください。

はい、本音が明確になりました。あなたならどうしますか？

わたしが不倫をしていて、どうしてもそれを成就したいなら、まわりからのトラブルを受け入れる覚悟をするかな。

まわりがトラブってでも強行突破するのが、自分を変えないということ。自分の本音がわかることで、責められても進む覚悟ができたり、責められてまではやりたくないと気づいたりします。どっちを選ぶのもあなたの自由です。

・自分責めをしてしまう自分にOKを出す
・そこにどんな本音があるのか、自分の心に耳をすませてみる
・本当に望んでいることを知り、身の振り方を決める

時として、自分を責めたくなるのも人情です。せっかくなら自分責めを、前に進むヒントにしてくださいね。

Chapter
2
すべての感情

ないないづくしは超ラッキー

あなたの人生、１００点満点で言えば何点になりますか？

そんな質問をされたら、あなたなら何と答えますか？

実際そういう質問をしている動画を見たことがありますが、75％くらいと言う人が一番多かったです。75％の満足感を、具体的な言葉にすると、

「そこそこかな。でも、何か足りない気がする……」

あなたも、この答えに共感しますか？

わたしのコンサルティングに来られるのも、こういう人が多いのです。そこで、

「足りないって、具体的にどんなことがあれば満ちたりそう？」と聞くと、「見た目がよくて、お金持ちで、素敵な彼もいて、友だちもたくさんいたら、足りないものなんてないんだろうな」と、今の自分にないことをいろいろ挙げられます。

実は……こういったことと、実際に満ち足りるかは、関係がありません。
さらに言えば、何か足りないというのは、結構満ち足りている状態です。

ちょっと、想像してみてください。

何か足りないとは、レストランでおいしいものを食べて結講お腹がふくれて、「でもこれで終わるのはちょっと物足りないかな。もう少し何か食べたい、まだ決定的においしいものを食べていない……」

と言っている状態です。

まったく満ち足りてないとしたら、何か足りないではなく、足りないものが明確です。

「わたしの人生には何か足りない」ではなく、
「わたしの人生には何もない」になるでしょう。

レストランの話で言えば「お腹ペコペコ、何でもいいからありつきたい！」。この状態は、人を奮起させます。ハングリー精神というやつです。

わたしは、物心ついた時、「自分の見た目は明らかに友だちと違う」と自覚する状態だったので、この時点で、ないことを悔やむ、をすっ飛ばして「ないことをどう補うか」という思考パターンになりました。

ここまでの話を読んで、あなたが、自分は何か足りない、ではなく、何もないに近いと思っているなら、ラッキーです。

「ない」を「ある」にしていく達成感は、持っていないものが多いほど強く感じられます。わたしは、人生のスタートが何もないでしたから、足りないと思った時、よし、これからどうやって手に入れようかとファイトが湧く思考パターンになっています。

ハングリー精神がなくてもだいじょうぶ

もしもあなたに、そこまでのハングリー精神がなくてもだいじょうぶ。わたしがそのやり方を伝授しましょう。

まずは、あなたが「足りない」と思っているものを挙げてみてください。

見た目が悪い、お金がない、彼氏がいない。それぞれを、「ある！」にしていくには、どんなことができそうか、挙げてみてください。

見た目が悪いなら、

・メイクを工夫できるかな
・髪型を工夫できるかな
・おしゃれができるかな
・姿勢を良くしてみるのはどうかな
・ちょっとダイエットしようかな

お金がないなら、
・もっと収入のいい会社や、職種を探してみようかな
・フリーランスなら、新しいメニューをリリースしてみようかな
・お金の使い方を変えて、本当に必要なものに使うようにしてみようかな

彼氏がいないなら、
・SNSでつながっている男性とご飯食べに行ってみようかな
・男性も来そうなイベントに参加してみようかな
・友だちにいい人いたら紹介してってお願いしてみようかな

思いつく改善策を書いたら、11個もありました。誰にでも当てはまりそうなことを挙げただけでもこんなにあるし、ひとつの項目に10個くらい今すぐできそうなことがありそう。あとは、**できそうな順番にやっていくだけです。**

ポイントは、

・すぐにできそうなことから着手すること
・実践の工程を細かく分けること

仕事について、「会社を変わる」を実践するには決断と時間が必要ですが、転職したい職種を検索するなら今すぐできます。

今すぐできることを確実にやれた！　という経験をすると、時間がかかったり、難易度の高いことにもチャレンジしてみようと思えます。

足りないが多いということは、成功体験をたくさん重ね、達成感を何度も味わえるってことなのです。

足りないことだらけの人は、ハングリー精神が育ちやすいですが、そこまで困っていない人は奮起できないかというと、そんなことはありません。

何か足りないではなく、これが足りない、これをどうやって得るか、と足りないことを明確にすれば、全然足りない場合とやり方は同じです。

レストランで、あと一品何か決定的においしいもののないかな、ではなく、最後の締めにこれを食べよう！　と決めるのです。

足りないものをはっきりさせよう！

欠乏感の正体は、ぼんやりさせているから。薄暗いモヤがかかったように「モヤモヤ」するんです。

たとえば、身長150センチの人は、現代の医学でも、身長165センチにはなりませんし、美容整形にも限界があります。

だけど、自分ができうる限りのことを全部やったら、かなりいい線まで行きますし、そもそも、見た目が悪いというのも、自分がそう思っているだけで、モデルやタレントになるオーディションに通るかのように確固たる基準があるわけではなく、**いかに自分が納得するかです。**

ちなみにわたしは、見た目の症状を解決するために幼少時代から10回あまり形成の手術を受けていますが、美容整形を受ければ、タレントさんのように劇的に美しくなれるかなと思って、幾つか美容整形外科で問診を受けました。

そうしたら、普通に顔を美しくすることと、事故にあった顔を改善するのでは、効果にはかなり差があり、保険が利かない上に、これまで形成外科で受けた手術とそんなに違わない変化しか得られないと言われました。

そうなのか、自分はそういうことに一切頼れないのか。ならば、他にできることをやるかと妙に納得しました。自分の見た目が嫌いな人は、具体的に相談をしてみるのもいいと思います（問診は無料で受けられますよ）。

・あなたが、自分には「足りない」と思っていることを素直に自覚する。
・それを「ある」に近づけるには何ができるか挙げてみる。
・「ある」にしていく行動をどんどんしていきましょう。

何もしないで、モヤモヤしているより、思い切り嫌がり、改善を求める。それで、不可能でも、**求めないでいるより、求めて玉砕するほうがすっきりします。**

わたしは、今自分の持っているいいところは大切にしようと思いました。「ない」を明確にすることは、「ある」に気づくことなのです。

Chapter 2

すべての感情

どうしても ゆるせない人がいるなら

「死ねばいいのに……」

かつて、どうしてもゆるせない人がいました。

あなたには、どうしてもゆるせない人がいますか？

わたしには、ゆるせない人がいました。その人に、2万円、3万円と少しずつお金を貸し、気がつけば500万円を超えていました。

今思うと、2万円や3万円は決して少しずつという額じゃないし、500万円になるまでそれを続けたこと自体、自分の行動が謎です。

少しずつお金を借り、時々は返す、寸借詐欺《すんしゃくさぎ》というものらしいですね。打ち合わせと称してわたしにお金を借りに来る際、カフェの支払いや、わたしがその後仕事に行くと言うと電車代を出すなど、細かいお金を出していました。そんなことより1000円でも2000円でも返せという話です。

始まりは、一緒にビジネスをしようと持ちかけられたこと。そのために投資をする必要があるので費用を貸してほしいと言われました。一緒にビジネスを興すための物件が手に入ったら、これまで借りたお金を倍にして返すからと。

100万円貸した時、当時の男友達から、いい勉強をしたと思って、その**100万円をあきらめろと言われましたが、100万円を捨てられませんでした。**

単純に100万円が返ってこないのも嫌だけど、株に投資するように、倍になって返ってくる可能性が捨てられなかった。貸している相手への信頼というよりも、自分が騙《だま》されていることをみとめられないというほうが大きかった。

要は、損切りできなかったのです。

お金を貸し続けることで自分にＯＫが出せる？

当時、高収入が得られるアルバイトをしていました。元々、将来の夢をかなえるために始めた仕事でした。今思えば、アルバイトをして、夢の準備ができていないことを、バイトで稼いだお金を投資することで、**自分は夢のために投資しているという大義名分を買っていたのでしょう。**

彼氏や配偶者でもなく、友だちでもなく、人として信頼していたわけでもない。思い出しても謎だらけですが、わたしがズルズルとお金を貸していたことには、振り返ると明確な理由があります。

夢があるのに、夢のために行動していない自分。

途中から、あやしいと思いながら、損切りできなかった自分。欲をかいていたんです。借りているその人ではなく、貸しているわたしが。

「内臓売って返したら」

その人に会うたび口汚く罵《ののし》っていました。人生を振り返っても、あれほど他人に対して怒りをぶつけたことはありません。

負債が残って、なぜかホッとした

その後、わたしは入院することになります。

さすがに、病院までお金を借りに来ることはありませんでしたが、しばらくは病院にまで電話がかかってきていました。

もう、こいつからお金は絞り取れないと思ったのでしょうか、ついに連絡を絶ち、わたしの元には530万円の負債が残りました。

警察にも行きましたが、借用書など、証拠がないので立証できませんでした。

さて、その人が消息を絶った時、わたしはどう思ったか？　ホッとしたというのが正直なところです。お金が返ってくる可能性はゼロになったのに。

１００万円も損切りできなかったのに、５３０万円の損失を負ってホッとしている。


ああ、もうこれで怒らなくていいんだ。相手がいなくなれば、もう罵《ののし》ることもありません。いつまでも損失を悔やみ続ける人もいると思いますが、わたしの場合は、なぜか悔やみ続けることはなかったのです。

２０００万円のお金を騙《だま》し取られた女性と話したことがありますが、彼女も相手がいなくなった時、もうお金は返ってこないのにホッとしたと言っていました。


これは、いさぎよいというより、**怒りを十分ぶつけ切って気が済んだ**のです。

不思議とその後、他人に対して、ゆるせない思いを感じたことはありません。

今振り返ると、わたしはあの時、ゆるせないという感情を、制限なく表現させてもらったのです。

常識で考えて謎なお金の貸し方をしている時、自分も何かを得ようとしています。

わたしは、自分は夢のために投資をしている、その日暮らしのバイトを続けている後ろめたさを、人に投資することで、正当化していたのです。


ゆるせない思いをずっと抱えている人は、怒りや恨みを出し切れていません。

実は、ゆるせないでいる自分のほうが間違っていると思っていませんか？

あなたにゆるせない感情があるなら、人をゆるせない自分にOKを出して、一度とことんぶつかってみることをオススメします。


怒りや恨みにOKを出してしまったら犯罪に走ってしまいませんかって？

わたしも、死ねばいいのにと思いましたよ。ですが、自分の手を下すと犯罪者になってしまう。本気で嫌な奴のために犯罪者になるなんて、と思いとどまりました。


やつあたりで犯罪を犯している人もいますが、そもそもそうなると、怒りの矛先《ほこさき》が違っています。他人への恨みつらみから、犯罪を犯す人こそ、ゆるせない気持ちを昇華できていないのです。

人は、誰かをゆるせない気持ちは、ゆるせない相手がいるから湧き上がると思っていますが、実はゆるせない人は自分の中にいます。

そんなに理不尽なら、もっと早く警察に行くなり、借用書を書いてもらうなり、いかようにも対処できたはず。なぜ、わたしはそれをしなかったのか。サンドバッグのように相手を罵ることで、わたしは何か発散していたのかもしれません。

ゆるせない人がいるなら、一度本気で怒りましょう。犯罪を犯さない程度にね。

Chapter

3

どんな
環境・条件でもOK。
人は損だけも
得だけもしない

Chapter 3

環境・条件

「いじめられっ子はしあわせになれない」の嘘

「わたし、いじめられっ子だったから……」
彼女は、そう言って涙を流しました。

離婚してシングルマザーになり、子どもは反抗期、職場でもうまくいかないし、彼氏ができたけど大切にされない。

それが、子ども時代にいじめられた経験のせいだと話す彼女は、40歳。子どもの頃いじめられたことをひきずっていて、いまだに苦しんでいます。

小学生の頃いじめられたわたしだから、恋愛がうまくいかない。

中学生の頃いじめられたわたしだから、職場でなじめない。

実は、いじめられたことをひきずっているようで、自分が自分に「子どもの頃いじめられたわたしは、恋も仕事もうまくいかない」とNG烙印《らくいん》を押しているだけです。

確かに最初は誰かがあなたをいじめたのでしょう。ですがその後、**あなたが自ら、いじめのバトンを受け取って、いまだに自分で自分をいじめ続けている**のです。

時間はいつも、未来に向かって流れています。こんなことがあったら次もこうなるというのは、自分が過去から影響を受けることを選んでいます。

過去の影響を受けるのは、悪いことではありません。たとえば、成功体験が自信になって、次にやることもうまくいくパターン。あの時うまくいったわたしだから、次もうまくいくと自分が決めているだけのことです。

いじめられっ子が次の瞬間、人気者になったっていい。最初は、まわりもバカにするかもしれませんが、人気者のように振舞っていたら、そのうちまわりの空気が変わり始めるということは、実際にあります。

わたし自身、自分がいじめられそうな空気をひっくり返したことがあります。

子ども時代いじめられっ子だったから、大人になってもいじめられる人でいる必要はさらさらありません。今からでも遅くない、高校デビューならぬ、社会人デビューしましょう。

いじめられキャラ脱出大作戦！

いじめられたことを引きずっていたら、いい加減それを捨てなさいというアドバイスを受けたことがないでしょうか。それって無理がありませんか？

過去にOKを出さない限り、今は変えられません。いじめられた自分に思いっきりOKを出しましょう。いじめられたからうまくいかないというのは、いじめられた自分を受け入れているようで、NGを出しています。

まずは現実を変えるとか、いじめた相手を裁くのではなく、いじめられっ子の自分にそのままOKを出す。

そこをすっ飛ばして、インナーチャイルドを癒すとか、その経験を解決するほうに振り向けがちですが、大人になってあなたがその経験を大切に持っているということは、あなたにとって、それは捨てたくないものなんです。

実業家が昔の貧乏体験を語って、あの時があったから今があると言うことがあります。成功体験とは逆の、お金がなかった体験が、その人の糧になっている。その成功者は、貧乏だった経験を捨てていませんし、むしろ大切にしています。

まわりの人は、いい大人になってそんなことといつまで大事そうに抱えているの、と言うでしょう。**いいんです、いじめられた体験、捨てなくていい。**

学校や友だち関係は、子どもが初めて経験する社会です。社会にもまれながら、子どものあなたは、めちゃくちゃがんばっていたと思いませんか？　だから癒す前に、偉いな、がんばったね、といじめられているそのまんま、みとめてあげてください。それは**ちやほやされる体験以上に貴重な体験**なのです。

これまでのあなたは、いじめられた体験を、うまくいかないことの理由にしてきたかもしれないけど、小さな体で、傷ついたり、つまずいたり、悲しんだ自分に思いっきり**OK**を出して、がんばってくれてありがとうとお礼を言ってください。

いじめられた経験は、あなたを消極的にしたり、自信をなくさせたり、ここ一番の度胸を出せなくしたり、マイナスなことしかないと思いますか？　あなたは気づいていないけど、その経験から生まれたいいところも必ずあるんです。

いじめられ経験が魅力を作る

次にしてほしいのは、自分のいいところを見つけることです。

たとえば、謙虚なところ。人に優しいところ。慎重なところ。

あなたが、恋愛や仕事のシーンで積極的に行けなかったり、人に譲ったりしてしまうのは、自分よりも人を優先してしまうから。

その優しさは、いじめられる経験で培われたものかもしれません。


いじめられた子どもの自分にOKを出し、ありがとうと言い、ねぎらう。

あなたの経験は、大人のわたしが、役に立てるよ、だから安心してと約束する。

いじめられたことによって備わった長所を、チャームポイントとしてどんどん押し出しましょう。控えめ、いい人、いいじゃないですか。


人間、努力したり、成功したといういい経験にはOKを出せても、いじめられたなどの嫌な経験にはOKを出しづらいかもしれません。

ですがこれこそ、めちゃくちゃ貴重な体験。いじめられた人は本来打たれ強いはず。どれくらいつらいか、もうわかっているのですから。


つらかった経験があるから受け入れられない、ではなく、**つらかった経験をもう済ませているから、痛みも知っているからダメ元でいける。**先に痛い思いを済ませておいたことは強みにできるんです。

この話に納得できないなら、そこにあなたの傷があります。**自分の悲しみを受け入れていなかった。いじめられることであなたが持った思い込みはないですか？**その思い込みにもOKを出して、どんな思い込みがあるか明らかにしてみましょう。

・意地悪な人に目をつけられやすい
・人が噂話をしていたら自分の悪口だと感じる
・仲良くしていても突然無視されることがある

いいですね、あるあるです。ただこれって、子どもの時いじめられていたから起こることなのでしょうか、一つひとつ見てみましょう。

・仲良くしていても突然無視されることがある。
→元いじめられっ子じゃなくても友だち関係やグループで起こりうることです。

・人が噂話をしていたら自分の悪口だと感じる。
↓元いじめられっ子じゃなくてもありがちで、そう感じるだけのことです。

・意地悪な人に目をつけられやすい。
↓意地悪な人はどこにでもいます。初めて出会った意地悪な人はあなたの過去なんて知りません。むしろ思い込みで、意地悪な人を引き寄せていませんか。

3つだけ挙げてみましたが、あなたが、自分が元いじめられっ子だからこんな目にあってしまうと感じる出来事は他にもあるでしょう。

嫌なことがあった時、**「わたしがいじめられっ子だから？」と感じたら、ちょっと待てよ、それは本当にいじめられっ子だからか？　と自分に突っ込んでみてください。**

子どもの時、いじめられた人じゃなくても、意地悪な人にも出会えば、悪口も言われるし、ハブられることもあります。

不思議なもので、**「わたしだからこうなる」と思い込んでいると、さらに同じような出来事が起こり、ますますわたしだからだと確信に変わります。**

長年の癖で、意地悪な人にも出会う、悪口も言われる、ハブられるシーンに遭遇した時、「わたしだから?」と反応するのも無理はありませんが、その度に、そう思ってしまったことにはOKを出した上で、本当にそう? と疑問を呈してください。

元いじめられっ子でも、いじめられっ子じゃなくても誰でも嫌な目にはあう。誰でもそうなるなら仕方がないと受け入れれば、なぜか、だんだん嫌な目にあうことがなくなりますよ。

Chapter 3

環境・条件

あなたの親ガチャ、当たりですか？

親ガチャという言葉が流行ったことがありました。
それは、親には感謝しなければならない、親子仲がいいのがデフォルトという暗黙の了解をぶっ壊す言葉でした。

あなたは、親が好きですか？　親と性格、合いますか？

合えば当たりを引いただけ、合うか合わないかは時の運、まさに親ガチャです。
それでも親と合わないと苦しいのは、生まれたばかりのひよこが、誰に教えられるでもなく、親鳥を探すように、わたしたちのＤＮＡに、親へのリスペクトが刻まれているからです。

それはもう、性格、意識を超えたもので、**子どもには親を尊敬し、親に愛されていると信じるソフトが標準装備で入っています。**

ところがその親が、尊敬できない存在だとしたら？　親に愛してもらえている実感が持てなかったら？

親が暴力をふるうなら、そんなことをされる自分のほうが間違っているのではないかと思い、なんとか愛されようと涙ぐましい努力をします。尊敬できなくても、尊敬できない自分は間違っているのではないかと思い、自分を責めてしまいます。

親を嫌えるあなたは素晴らしい

親を好きになれない。

親と性格が合わない。

そんな自覚があるのなら、素晴らしいことです。え？　素晴らしい？　親は尊敬すべき存在、そんな標準装備を超えて、自分の本音に気づいているのですから。

親と合わない自分にOKを出してください。あなたは間違っていません。

そもそも、親との関係も普通の人間関係と同じ。性格が合うこともあれば、合わないこともある。

だけど、わたしたちのDNAに、親へのリスペクトが刻まれていて、子どもには親からの愛を無条件に信じるというソフトが標準装備で入っていたとしたら、そのことに気づくのに時間がかかっても無理はありません。

親と合わないと感じる、やりにくい、愛されていないと感じる、そのままのあなたの気持ちにOKを出してください。

それでは、親のほうにはどんなソフトが入っているかと言えば、子どもを無条件で愛するというソフトです。

ならばうまくいきそうですよね。だけど、暴力を振るう親や、大人になりきれていない毒親もいる。

子どもに入っている親を尊敬したいソフトも、親に入っている子どもを愛するソフトも、性格や意識を超えたところに装備されています。そのため、子どもを産むまでは子どもが苦手だったのに、生まれたら無条件で愛せた親がたくさんいるのです。

しかし、親自身が、自分は愛されていないという思い込みを持っていた場合、子どもを無条件で愛するソフトが、うまく作動しません。子どもと愛を求めて張り合います。その言動が標準装備で作動する子どもを愛するソフトとぶつかり、愛したいのにうまく愛せなくて暴力という形で子どもに当たってしまうのです。

真の親孝行は親を超えること

子育てとは、未熟な親と子が、だんだん愛のソフトをうまく扱えるようになり、親子になっていくプロセスそのもの。

何と言っても自ら命を生み出し、それを育てていくってすごいこと。簡単にはうまくいかないのが普通で、最初からうまくいくほうが稀《まれ》なのです。そんなことになやむのも、親という存在が、あなたを世の中に誕生させたからです。

生み出された命は、生み出した存在に、尊敬を感じ愛を求める。生み出した存在は、生まれた存在を無条件に愛する。命そのものが、それを示しています。

そうです、生まれただけで、意識を超えたところであなたも親もOKなのです。

もちろん、親子仲良くできるに越したことはありませんが、まずは自分が生まれて、今ここにあるという事実にOKを出してください。

その上で、親と合わない自分にOKを出し、こんな可能性に想いを馳《は》せてください。親もあなたを無条件に愛したいけど、自分の愛をうまく表現できずにもがいているのかもしれないと。

そうです、不器用な今の親にOKを出すのです。うまくいかないそのことそのものが、親の愛です。

親は尊敬するに値する存在であってほしいし、愛してほしいし、生まれた時から人生の大先輩、出来上がった人間でいてほしいものですが、親とて人間として発展途上で、ましてや、**あなたの親という役目は人生において初めての体験**です。

人は、人生どこかのタイミングで、合わない人もいるという現実に直面します。親が合わなくても、協力する必要に迫られることもある。親がそんな存在だったら、親の愛を知らずに育って苦労するかもしれませんが、早い段階で生きていくのに必要な体験ができるとも言えます。

子どもの時、親と合わないのに一緒に生きるしかなかった、けれど大人のあなたは自由です。合わないなら無理に合わせなくていい。好きじゃなくていい。

ひとりになって、あなた自身をしあわせにしてください。

あなたの存在が、親の愛なのですから、しあわせになることが一番の親孝行。親は尊敬すべき、愛してくれる存在という標準装備から、子どもは無意識に、自分を与えられる立ち位置に置きますが、**親孝行の最終形は親を超えること**です。

自分をしあわせにできた時、親がちょっと好きになり、合わないけどまぁいいかと思えるかもしれません。楽しみにしていてくださいね。

Chapter
3

環境・条件

健康は見た目以上に不平等？

「健康ならできることがいっぱいあるのに……体が弱くてがんばれません」

悔しさを滲《にじ》ませる人がいました。

うまくいかないのは、体が弱いせい。確かに、元気で体力のある人、持病や体質でがんばりが効かない人がいます。健康って、不平等です。

しかし、体が弱いと、本当に何事もうまくいかないのでしょうか？

そもそもすべての人は、一生健康ではいられません。先天的な持病がなくても、歳を重ねるとがんばりが効かなくなります。
ですが、健康だと、たくさんの仕事ができたり成功して、持病があると成功できないかといえば、そんなことはありません。

健康じゃなくても、うまくいく人はいます。
多くの人に助けられ、モテてる人もいます。
そんな人たちの特徴は、**かわいげがあること**。がんばりが効かないところは、人にお願いする甘え上手なのです。頼まれたほうは、悪い気がしません。人は、誰かの役に立てることが気持ちいいから。

「健康じゃないからうまくいかない」と思っている人は、ひとりで何とかしようとがんばっています。そんな人に頼まれないのに手を貸そうとすると、失礼かもしれないと思って、近づけません。

元気が出ない時、がんばりが効かない時は、人の手を借りなさいというお知らせかもしれません。

健康を失っても、大切にしたいことは何？

健康って、素晴らしいことですが、健康じゃなくなっても、寝込んでも好きなように生きられたら素敵ですよね。

わたしは、健康じゃなくなったらどんな風に仕事をして、どんな風に人と付き合うかを考えることがあります。

それを考えると、**自分が何を大切にしたいと思っているかがわかりますよ。**

数年前、捻挫して歩くのにも苦労した時、いつも履いているヒールの高い靴や短いスカート、タイトな服装はできなくなりました。そこで、ゆったりしているけど、おしゃれに見える服を買いに行きました。

病院に入院することになった時は、かわいいパジャマや、おしゃれなタオルやガウンを買いに行きました。
わたしにとって、おしゃれがとても大切なことで、入院しても負傷しても、それは変わらないようです。

文章を書く仕事なので、目が見えなくなったらどうするかと考えることがあります。パソコンを打ったり、手書きで文字を書けないなら音声入力かな。
相談の仕事は、文章に書かなくても、相手の姿が見えなくても話せたら相談に乗れるので、できるな。
仕事については、どうやって言葉を世の中に遺すか、人の役に立てるか、それを考えている自分に気づきました。

健康な時に、対策を考えておくことで、体の機能を失った時はこうすればいいという見通しが立てられ、失ってもだいじょうぶと思え、安心につながります。

健康じゃないからうまくいかない、がんばりも効かないし、縁もないと思っているあなたにおすすめしたいのは、まずは、今の状態の自分にOKを出すことです。
健康な人がうらやましくても、健康じゃないと損をしていると思ってもOK。だけど、健康じゃないことはNGじゃない、だから、今のままの自分にOK。

魔法の言葉「本当にそう？」

今、あなたがやりたいことは、健康な人ならできるけど、健康じゃないとできないこと？ **「本当にそう？」と自分に問いかけてみて。**

健康じゃないから、たくさんの仕事はできない！

「本当にそう？」

・分業してみるのはいかが？
・チームで取り組んでみるのは？
・そもそも、仕事ってたくさんしないとダメ？ あなたはそれを望んでる？

健康じゃないから、結婚できないし、恋人もできない！

「本当にそう？」

・病気がちでもモテる人も結婚する人もいる。病院で恋人を見つける人もいる。

・入院したら、彼がいたわってくれたり、男友達がお見舞いに来てくれたり、入院モテ？　と勘違いしたことがあった。

健康じゃないと得られないと思っていることは、本当に得られないのか、病弱でも何も失わない方法を厚かましく考えてみて。そうすると、あ、人の手を借りればいいのか、と、アイデアが湧いてきます。

ひとりでがんばってきた人が、病気になることで、家族やパートナーに頼ることを覚え、関係が近くなったり、プライドを捨てられたという例もあります。

一緒に仕事をしたある社長さんは、がん宣告された日、髪を金髪に染め、家族が落ち込まないようにしたと話されていました。

彼は自分がいなくなっても回る仕事のしくみを確立し、そのメソッドが出版されました。葬儀には活躍しているビジネスパーソンが大勢集まり、わたしは、彼とゆかりのあった人たちからのメッセージを集めて持って行きました。バインダー1冊分になりました。最後までかっこいい人でした。

何を失っても最後まで残るもの、それは、あなたの魂ではないでしょうか？
だいじょうぶ、あなたは一生あなたです。

Chapter

4

人づき合いが
苦手でも
だいじょうぶ

Chapter
4

人づき合い

嫌われるのはこわいですか？

あなたには、嫌いな人がいますか？
多くの人が、人に嫌われることを、とても恐れています。
あなたも、こわいですか？

嫌われたら、自分が否定された気がする？
確かに、気持ちのいいものではありません。

わたしには、嫌いな人がいません。というと、心が広いと思うかもしれませんが、
わたしにも、死ねばいいのにと思うくらい大嫌いな人がいました。全財産５３０万

円を詐欺で強奪した人です。これで嫌わなかったら、逆に異常ですよね。

ただ、その人を今も嫌いかといえば、嫌ってません。好きではないけど（笑）。

好感度が上がったわけではなく、単に、**自分の前からいなくなったので、自分の人生にはもう一生縁がない人だから、わざわざ嫌わなくてもいいか、**というところです。


では、わたし自身は、人に嫌われることをどう思うか？　嫌う人もいるだろうなぁ、嫌ってくれてOKです。嫌っている人に、好きになってと言っても無理でしょ？


人に嫌われるのは悲しいし、こわい。

その気持ちはとてもわかるのですが、**自分を嫌っている人って、こちらが思うほど、確固たる何かがあって嫌っているわけではありません。**

・なんとなく嫌だ
・気が合わなかった
・直感的に合わなそう

・トラブルがあったから避けたい

人が人を嫌う時には、いろんな理由がありますが、あなたのある一面が合わない、カンに触る、それくらいの断片的な理由だったり、その人自身の何かが刺激されて、あなたを避けたいだけだったりします。

要は、**あなたのすべてを知って、あなたを否定しているわけではないということ。**

あなたが嫌い、正しくは、あなたに嫌なところがある、です。

人を嫌うことを重く考えないで

まず、人を嫌うのは自由です。

きゅうりが嫌い、ホラー映画が嫌い、犬が嫌いみたいなもの。こういったものを嫌っても、特に、きゅうり農家さんを否定したり、ホラー映画の監督さんを否定したり、犬の存在を否定しているわけではない。ただ、自分は苦手というだけ。あなたのことを嫌っている人も、ただ単に、合わない。

自分が好きだと思っている人に嫌われたらショックを受けますが、致し方ありません。あなたを嫌っている人は、心の扉を閉ざしますから受け入れるしかない。わたしにとって、嫌う、嫌われるというのはこんな感覚です。

恋愛で考えるとわかりやすいです。こちらは好きなのに相手には愛されないことってありますよね。玉砕、失恋、わたしにも、そんな経験が何度かあります。**ダメだと思われたら、ダメなんです。だけどそれは、自分がダメってことではない**し、自分には相手が知らない魅力や売りはいっぱいあるのだけど、相手には必要ないんです。悲しいけど仕方がない。

この感覚が心の底からわかるためには、一度、人をしっかり嫌ってみることです。

嫌われることを恐れている人は、人を嫌ってはいけないと思っていて、それをされると傷つくから、本当は嫌いでもその気持ちを抑えようとします。嫌われていることがわかっていても、相手から離れられなかったり、相手に合わせたこと。あなたはありませんか？

誰かとの間で、嫌なこと、傷つくことがあったのに、嫌だと思う気持ちや、傷ついたと伝えず我慢したことはありませんか？

わたしは、死ねばいいのにとまで思った人には、思いっきり自分の理不尽さや罵倒をぶつけたので、もう気が済んでいるのです。

一度、ちゃんと人を嫌ってみよう！

あの人、嫌だと思ったら、一度しっかり嫌ってみてください。自分の嫌悪感に正直になってみてください。

人を嫌うことにOKを出す。

どこが嫌いなのか、見た目なのか、態度なのか、やられたことなのか、素直に感じたままノートに書くでもいいし、ボイスメモに録ってみるでもいい。自分の嫌悪感を出してみると、得体の知れない「人を嫌うこと」の正体が明確になってきます。

自分が嫌っているその人は、本当は愛してほしいのに、相手からは嫌われている

のでこちらも嫌っていたり、親や、うまくいかなかった相手のことを思い出すから
その人を嫌っていたり、マウンティングされたから、自分もマウンティングしよう
としていたり、みとめてほしいのに、みとめてくれないからすねていたり……。
まぁ、いろいろ出てきます。とにかく、出なくなるまで出しましょう。出し切っ
た時、そこに並んだ言葉から何が見えてくるでしょうか？
きっと真ん中にあるのは、健気で綺麗な気持ち。人間関係において、あなたが大切にしたいことです。

わたしが、「死ねばいいのに」とまで思った相手への嫌悪感の真ん中にあったのは、人を信じたい気持ちでした。
詐欺にあい、騙されて、大切にされない自分になりたくなかった。だから途中であきらめることはできなかったのです。

嫌われたくない、の真ん中にある、あなたの本音に耳をすませてくださいね。

Chapter 4

人づき合い

あなたにもめごとが絶えない理由

わたしはかつて、トラブルメーカーでした。

自分には、その自覚は全くありません。それどころか、

「こんなに、みんなのことを考えているのに」

「こんなに、仕事をがんばっているのに」


一生懸命相手のことを考えてもウザがられる、一生懸命仕事をしても、企画が通らない、ミスしてしまう。なぜそうなるのか、さっぱりわけがわかりませんでした。

わたしは間違っていない。わたしはがんばっている。わかってくれないまわりが

悪い、ひたすらそう思っていました。

実際、がんばっていたと思います。コミュニティのリーダーになり、メンバーのことを考えて応援したり、仕事では泊り込みをして、次の朝までに仕上げていました。ところが、空回りする。なぜ、そんなことが起こっていたのでしょうか？

自分の仕事に評価が得られないこと、思いが伝わらないこともあるでしょう。ですが、**何をやってももめるなら、原因は自分にあります。**

わたしもある時、なぜ同じようなことが起こるんだろうと考えてみました。自分の仕事の出来や、性格以前の問題じゃないかと。

トラブルメーカーのかわいい本音

トラブルの相手には聞けないので、自分に正直な気持ちを聞いてみました。

・何が悲しいの？
・相手にどうしてほしいの？
・自分が望んでいることは何？

仕事も、コミュニティの運営も、それぞれ聞いてみました。すると、根っこにある気持ちは同じだったのです。その気持ちとは、

わたしは正しい、わかってくれないあなたが悪い。

わかってくれない、つまり、わたしのことをわかってほしい、わたしを大切にしてほしいと思っていたのです。

さらに本音を突き詰めれば、わたしは優秀なのに、まわりが理解していない、わたしはみとめられていない。まわりの人は、わたしの才能や、わたしの優しさに気づかない、わからずや。ある意味で、**わたしはまわりの人をマウンティングしていたのです。**

ギョッとしましたか？　どうしよ、嫌われるかも？　もちろん、見下すつもりなんてさらさらありません。理不尽で、自分を被害者だと思っていました。だからなおさら、自分を守り、まわりを責めるモードに入り、どんどん険悪になっていたのです。

被害者のはずの自分が、まわりをマウンティングしていたなんて。そりゃもめるわ！　と今なら思います。こういう考え方だと、どんなに仕事ができても、優しくても、面倒見がよくても重いし、敬遠したくもなるわって感じですね。

というと、最悪な奴みたいですが、さらに突き詰めると、

わたしのことをわかってほしい！　愛されたい！

これが本音です、なかなか健気《けなげ》な奴じゃないですか。

もしもあなたが、ケンカしたくないのにまわりとぶつかってしまうなら、がんばってるのに、きちんとしてるのに、優しいのに、まわりにウザがられたり、責めら

れたり、わかってもらえないと感じているなら、自分の本音に、耳をすましてみてください。

・何が悲しいのか？
・相手にどうしてほしいのか？
・自分が望んでいることは何か？

この順番で聞くと、自分の本当の気持ちがわかります。その気持ちは、健気でかわいいものですよ。

人とのもめごとをなくすには、自分とのもめごとをなくすこと。
心に留めておいてくださいね。

Chapter
4

人づき合い

孤独を愛する力。あなたはひとりを楽しんでいますか？

「あゆみさん、孤独を愛する力という本を書いたら10万部売れるよ」

出版の世界のカリスマが、わたしにそんなことを言ってくれました。

「孤独と書いて、ひとりと読む。世の中で必要な企画だし、あゆみさんならいい本が書けると思う」

この方が、どのくらいカリスマかといえば、書籍累計800万部に迫ろうとしていて、海外でもバリバリ出版されていますから、太鼓判を押されたも同然。ありがとうございます。いつか実現させます、今後の出版にこうご期待。

わたしは、インスタグラムの投稿を見た人から、よくこんなことを言われます。

「あゆみさんって、ひとりでも楽しそうですね」

わたしのインスタをチェックしていることなんて絶対にないのに、カリスマはエスパーでもあるのか、すごすぎる！

ひとり時間を適当にしないで！

「今日はひとりだから、お昼ご飯は適当に」

こんなコメントをよく見ます。

いつも、家族のために家事をして、ごちそうを作っているからひとりの時くらい手抜きしたい。その気持ち、わかります。

ただ、もったいないなぁとも思うのが正直なところ。

普段、家族を大切にしているからこそ、ひとりの時間は心置きなく、自分を大切にしてほしい。いつも人をもてなしているなら、ひとりの時は自分をもてなしてもいいんじゃないかなって。

せっかくなら、カップラーメンにポテトチップス、ウーバーイーツで一番ジャンキーなものを頼んで、一歩も外に出ないで、一日中ネットフリックスを見るくらい全力で手抜きする。

自分をもてなす、大切にすると言えば、丁寧に過ごす、体にいい食事をしてデトックスしようという方向性かと思いきや、そこは人それぞれ。

もちろん、意識高い過ごし方も素敵ですが、**一番やってみたかったひとり時間の過ごし方からやればいい。**

たとえばクリスマス、ひとりで過ごすとしたら、あなたならどうしますか？

わたしはクリスマスに、うちに人を招くこともあれば、ひとりで過ごすこともありますが、ひとりでもホールケーキを作り、チキンとオードブルとサラダ、シャンパン、おいしいパンを用意して、ツリーをかざります。

そんな過ごし方を見て、ひとりでも楽しそうですね、と言われるのでしょう。

確かに、人を招くと張り切りますし、盛り付けもやりがいがありますが（特に、いい感じの男性と過ごす場合は)、ひとりだから適当に済ませようとは思いません。

ひとりでも楽しもうとがんばるのではなく、むしろ、ひとりで楽しく過ごしているところに、人が訪ねてきてくれるというほうが近い感覚です。


ひとりだからって、クリスマスケーキやチキンを食べないなんて残念すぎるし、クリスマスは、ショートケーキよりいちごたっぷりホールケーキです。人を招かない時は、ケーキを3日かけて食べます。

ひとりでも、クリスマスもお正月も誕生日も祝います。サンタコスプレ、しますとも。毎年着こなせるように、スタイルキープしようと思うモチベーションになっています。

ひとりって痛い？　誰に遠慮しているの？

ひとりを楽しんでる人って、痛いと思いますか？

わたしは、店でひとり焼肉や、ひとりカラオケはまだしたことがないけど、それは痛いからではなく、単に、今のところやりたいと思わないからです。

逆に、ひとりなのにホールケーキを作るなんてめんどくさい！　と思う人もいるでしょう。

要は、ひとりでも好きなことやりなはれ。

ひとり焼肉、ひとりカラオケ、勇気を出して、ぜひチャレンジしてください。楽しかったのか、イマイチだったのか、どちらにしても貴重な体験だし、体験レポをSNSにシェアしたら共感されたり、やってみようと思う人もいるでしょう。

あ、ひとりの経験が、ひとりじゃなくなってますね（笑）。

ひとりだからって、やりたいことを我慢する必要はさらさらありません。

人生100年だとしても、年中行事を体験できる機会は100回しかありません。

その貴重な一回を、他人に「痛い」と思われないためにやらずに過ごすなんてもったいない。

むしろ、ひとりでできることをピックアップして、片っ端からやっていくとしたら、それだけで何年もかかるかも。

そう思った時、孤独（ひとり）を愛する力が生まれるのかもしれません。

人は一生ひとりで、ひとりじゃない

ひとりを楽しむと言えば、賑やかな場をどう過ごすかという話になりがちですが、わたしは、**ひとりであることをどこまで活かせるか**と考えています。

子育てをしている人、ご家族のケアをされている人を、わたしは無条件でリスペクトしています。


わたしはこれから出産することもありませんし、両親も他界していますので、これから結婚しない限りひとりです。

子育てや、ケアをしている人より自由になる時間が圧倒的に多いです。だとしたら、その分本をたくさん書く、多くの人の相談に乗るなど、世の中にできる限りのプラスを生み出す、いかに世の中にOKを出せるか、それが真にひとりの自分にOK

を出すことだと考えています。

コロナ禍の頃、ひとり焼肉が流行りました。

同じテーブルは囲まず、パーテーションがあるけど、そこにはひとりを楽しむ同志がいる。あの時わたしたちは、人は、ひとりでもひとりじゃないと実感できたし、ひとりでも焼肉はおいしいことを知りました。

実は、店に行かなくても同じこと。うちでクリスマスを楽しむ人、ネットフリックスを楽しむ人、思い思いのひとり時間に連帯感を持てばいい。

いつもはひとりを楽しんでいても、寂しい時は寂しいと素直に言えば、手を差し伸べてくれる人が必ずいます。なぜならば、その気持ち、みんなわかるから。

自分が孤独でつらい時は、自分以外の人全員、楽しそうに見えるけど、普段多くの人に囲まれていて、楽しそうに見える人も孤独で寂しいこともある、同じ人なのです。

ひとりを楽しめてこそ、人と一緒も楽しめます。

ひとりが楽しめないのは、ひとりであることにOKを出せていないから。あなたが誰かと過ごしても、あなたがあなたでなくなるわけではありません。誰かと過ごす時も、あなたの心の中はあなたひとりのものです。

人は、ひとりで生まれ、ひとりで死んでいきます。ひとりは人間の一番自然な姿。ひとりの自分にOKを出すこと、それは、自分の人生にOKを出すことなのです。

Chapter 5

しあわせな
恋愛・結婚のために。
すべては愛に
もとづいている

Chapter
5

恋愛・結婚

出会いがない女が、本気で出会いを求めた結果

「出会いがない……」

この言葉が、口癖になっている友人がいました。

将来やっぱりひとりではいたくない、自分はもう若くないけど、それでも人生で今日が一番若い。

「私、ちょっとあがいてみようと思う。あゆさんって恋愛の本いっぱい書いてるよね、大人の私でもできる婚活ってある？」

その心意気やよし、わたしは彼女にいろいろな提案をしました。

リラックスして婚活できる「ありかも100」とは？

まずは出会いの場に出向く前に、**自分が男性から見て「ありかも」と思うことを思いつく限り書き出してもらいました。**

これは、正しいかどうかはどちらでもいいので、男性視点で、自分に100個のOKを出すというものです。

そして、もうひとつは**「なしかも」と思うことを出せる限り出すこと。**

なしかも100ですね、なしは100個もなくてもいいけど、しっかりNGも出す。

若くないとか、太っているとか、自己評価でOK。単なる卑下と違うのは、自分を客観的に見るということ。感情を交えずサクサクNGを出す。

出せる限りの「ありかも」と「なしかも」を出したら、OKとNGから上位3つずつ選んで、こう決める。

相手がどう思おうと、わたしはわたしの魅力はこれだと認識しています。そのおすすめポイントが相手に響かないなら、しょうがないっす！

相手にとって、受け入れられないところが、わたしにとっても自信のないところだったら「ですよね！　わっかりました〜！」と、さらっとあきらめ、立ち去ります。

要は、自分の価値を自分自身が認識して、受け入れられなかった場合も単に合わなかっただけだと納得できるしくみを作ってから、出会いの場に出向く。

OKとNGは、相手にもまわりにも伝える必要はありません。自分自身が認識していればOK。

自分の魅力も、ウィークポイントも理解している＝自分にOKした状態で出会いの場に臨めるのです。

世界中が婚活市場と考えよ

もうひとつは、出会いの場を大きく捉える。

アプリに、お見合い、婚活パーティー、SNSの出会い、チャレンジするのはもちろんOK。ダメでも傷つかなくなるくらい、場数を踏めばいい。

ポイントは、**玉砕を重くとらえないこと**。ぱっと見や、年齢など条件から入る出会いで書類審査に落ちるのは軽いジャブのようなもの。ダメ元で臨むべし。

そして、**婚活市場以外のところも出会いの場と考える**。

スーパーに野菜を買いに行って、安かったり、おいしそうだったりでパッと目に入ったきゅうりとトマトをカゴに入れる。人との出会いも、こんなふうにライトに捉える。

婚活パーティーだけに期待するのは、

「無添加野菜を置いている直売所で、きゅうりとトマトを買おう」

と決めて、直売所を一生懸命探すようなもの。直売所自体なかなか見つけられないかもしれないし、あっても、ピーマンとなすびしかなかったら、買わずにまた直売所を探す感じです。

出会いがない時って、出会いだけをしようとしています。

スーパーは人がたくさんいる街です。野菜も売っていれば、果物も、肉も魚もある。その中でトマトやきゅうりを選ぶとは、対象外の人もたくさんいる街の中で出会いを見つけること。

出会いだけを目的とした場で、条件を満たす人だけを見定めようとする、一切損をするまいと見る目が厳しくなり、同時に、自分も厳しい目で見られる。出会いの場だけで見つけようとしないで、今いる場所も出会いの場だという視点を持てば、出会いはたくさんあると気づきます。

街の中にいても出会いが見えてこないなら、相手ではなく、自分の問題です。

相手に高望みしているように見える時は、実は自分が自分に高望みしています。自分にOKが出せていないんです。

今の自分に納得いかないから、この自分に釣り合う人は、イマイチな人しかいない。そんな人に出会って、結婚を前提にした交際が始まったらヤバイと、無意識にそうならないようにブロックしているのです。

自分では、喉から手が出るくらい、結婚したいと思っているのに、です。

出会いがない…それ、準備不足だからかも！

あなたは、出会う準備ができていますか？

出会う前に、もっと素敵な自分になっておきたいと思っていませんか？

出会う準備とは、特別な何かをすることではありません。ただ単に、今すぐ出会ってもOKと決めること。**わたしは出会いの準備ができている、その心持ちになれたら、不思議と、具体的な準備もできます。**

いつ引っ越してもいいように、家を片付けてもいいし、旦那さまのご飯が作れるように毎日ちゃんと食事を作るのもいいし、ワクワクしながら結婚資金を貯めるのもいい。いつでもウエディングドレスが着れるように、ダイエットするのもいい。

出会いの場所は、あなたが出会いを見つける機会のひとつでしかありません。

そこで、きつくジャッジされても、単に合わなかっただけ。それも出会いのひとつです。合わない人に出会ったら自分はどう感じるのか、その教訓は次の出会いに活かしましょう。

今すぐ出会ってもいいとOKを出し、いざ出陣した友人。

自分を磨くのは素敵なことですが、素敵な自分になってからOKを出すのではなく、

さて、出会いの場に出向いた彼女はどうなったのか？

「私、ひとりがいいや」

積極的おひとりさま人生の選択

婚活アプリだけじゃなく、SNSでつながっている人ともご飯を食べたり飲み

に行ったり、男性も集まるイベントにも参加してみたそうです。

最後まで戦い、力尽きました。

そして結論は、ひとりがいい。

力尽きたのは、酷い目にあったからではなく、やり切った結果、ふたりとか結婚が自分には合わなかったとわかり、彼女は自分のためにマンションを購入しました。


これは、しょうがなくおひとりさまとは大きく違います。

男性とも付き合ってみて、ひとりがいいと思ったのです。

ひとりでいい、じゃなく、ひとりがいい。おひとりさまの自分にOKを出したのです。


だからと言って、生涯ひとりを貫かなくてももちろんOK。案外、ひとりがいいと決めた途端、ひとりでいるのと同じくらいリラックスして付き合える人に出会うなんてパターン、あるあるです。

おひとりさまには魅力がない、恋愛市場から降りた人という思い込みを外してみましょう。

恋愛市場に参加した上で、私にはひとりが最高と納得した。そんな生き方も悪くない。

友人は今ひとりを満喫しています。

あなたらしいしあわせ、意思を持って選んでみませんか？

Chapter 5

恋愛・結婚

しあわせになれない恋はもう卒業！

ダメンズ、DV、不倫、セカンド、しあわせになれない恋愛を繰り返している人がわたしに言いました。

「わたし、どうしたらしあわせになれるんでしょう？」

「そんな人と一緒にいてもしあわせになれないから、違う人を選びなよ」

誰もが、そう言うでしょう。正論です。ですがあなたが、そんな恋愛を繰り返しているとしたら、あなたにとってその恋愛がしあわせなのです。

人を好きになれるって、素晴らしいこと。

あなたは、恋多き女と言われてきたかもしれません。好きになれる人がいない、恋をしたいのにできない人もいるなか、人を好きになれる自分にOKを出しましょう。

しかも、おたがい選びあうということを、何度も繰り返している。すごいです。

たくさんの恋を重ね、その恋のすべてが、自分をしあわせにしない恋だということは、恋愛についての制限が少ないのです。

・人を好きになれること
・付き合える人がたくさんいること
・いろんな感性の人を好きになれること

これはとても素敵な点です。

信じられないくらいあなたを振り回す人でも、臆することなく飛び込んでいます。

ということは、逆に、振り回されてくれるような人にも、飛び込める感性を持っているのです。

他人《ひと》を大切にするような人が、わたしを選ぶわけがない、あなたの場合、それが制限になっています。

ですが、これは振り子のようなもの。

自分を粗末にする人でも選べるなら、わがままを聞いてくれる人だって選べますよ。

そもそも、あなたは世の中に、自分のわがままを聞いてくれる異性がいること自体、信じられないかもしれませんね。

世の中には、ありとあらゆる恋愛の形があります。あなたの知らない恋愛の形が無数に存在しているのです。

ダメンズ好きな自分にＯＫを出そう

一番大切なのは、今までの恋愛を決して否定しないこと。
今までの恋愛はこれでOK、他の恋愛も体験してみよう、そんな風に考えてみましょう。

あなたがその恋愛を選んだ理由は、家庭環境が影響しているかもしれません。

お父さんがお母さんを支配していて、自分は絶対そんな男女関係は嫌だと思っていたのに、お父さんのような暴君を選んでいた。自分はそんな男性とでもしあわせになれることを証明して、お父さんを見返したい。

絶対嫌なはずのＤＶ男性の特徴が、自分にとっては異性という存在の原風景になっていて、**理性では嫌がっているけど、魂はそういう人を選び、殴られることにホッとしていませんか。**

30代、40代になってから、お父さんやお母さんを責め、謝ってもらえば気が済んで、あなたがこれまでと違う人を選べるのなら、その儀式をするのもいい。

だけどこれまでのあなたは、そういう恋愛を選んでいたんです。その先にしあわせが待っていると思っていたんです。

だからもう、全部含めてOKなんです。

ダメンズ脱出プログラム

これからのあなたにおすすめするのは、これまでと違う恋愛をすること。

しあわせにならなかった恋愛がどういうものか、実感できているあなただからこそ、これまでの経験を活かしましょう。

DVを受けて育ったけど、おだやかな人と結婚した女性がいます。DVをする人の特徴を冷静に分析し、その特徴が出たら、どんなに好きでも別れる、関係を深めない、近づかないを実行しました。

彼女によると、ＤＶの傾向にある人は、物を置く音が大きく、怒りの導火線が短く、すぐに怒り出すそうです。物音が大きいというのはＤＶを受けていた人だからこそ気がつく点ですね。彼女は今、とてもしあわせに暮らしています。

あなたがやることは明確です。

付き合ってしあわせにならなかった相手の特徴を挙げまくりましょう。これは、その人を恨むことでも、自分にダメだしすることでもありません。

ただ単に、他の可能性に目を向けるということです。

たとえば、身なりが派手で、華があって羽振りがいい男性と付き合ってうまくいかなかったとしても、**そういう男性があなたにとってタイプであることは、変える必要はありません。**

ただ、地味目で、堅実で目立たない男性もいいかも、と思ってみる、それだけのことです。

・これまでの恋愛にOKを出す。
・今まで付き合ってうまくいかなかったタイプを挙げる。
・そうじゃない相手に目を向ける。
・これまで付き合った人に感謝する。
・新しい恋愛の可能性にワクワクする。

この順番でいきましょう!

Chapter
5

恋愛・結婚

「結婚したいのに縁がない」にはワケがある

わたし、一生結婚できないのかな……。

内心、そう思っている独身のあなたに質問です。

「あなたは、明日、婚姻届を出せますか？」

え？　まだ無理、そもそも相手もいないし、いたとしてもいろいろ済ませておきたいことがある。仕事をちゃんとしておきたい。結婚資金を貯めたい。スタイルよくなりたい……10個くらい無理な理由を即答しませんでした？

ですが、婚姻届を出してから仕事をベストな状態にしてもいいし、結婚式をするなら、お金が貯まってからでもいいし、結婚してからスタイルをよくしてもいい。
もしも、明日婚姻届を出すとしたら、とイメージした時、自分が、完成しておきたいという感覚があったことに改めて気づいたとしたら。これは、「今の自分では結婚できない」と深層心理的には思っているということです。

何が完成なのかわからないし、これらのことを自分なりにやり遂げたところで、その時の自分は「完成した！　準備万端！」と思うのかといえば、まだまだここはこうしたい……と、よくしたいことが出てくるでしょう。

ならば**結婚のほうを先にすればいい。今さしあたって相手がいなくても、です。**

自分が結婚することにOKを出す、これが一番初めです

そうして、準備をし始めるんです。明日新居に引っ越してもいいくらい身辺をスッキリさせる、ひとり暮らしで、気ままにしている生活習慣を、他人と一緒に生活できるサイクルに変えてみる。

もっと言えば、今のままのライフスタイルで、他人と合わせなくてもやっていけると思うなら、そのままでもいい。とにかく、

「結婚しよう、これから婚姻届出しに行こうか」

と言われたら、

「うん、行こう、引越しの準備もできてるよ」

くらいの感覚になってみよう。これは究極に、今の自分にOKを出すことです。

人間誰しもいい格好をしたいもの。結婚したいくらい好きな相手に対してはなおさらです。ちゃんとしたい、相手に対して恥ずかしいところをなくしておきたいですよね。

そこを、「今の自分はこんなですが、結婚できるの嬉しい！」とありのままで飛び込めるか、自分の心に聞いてみてください。

自分が結婚をすることにOKを出すと、相手に対してもほとんど条件をつけることがなくなります。

結婚したい相手がいるなら、ありのままのその人でいい、一緒にかなえたいことがあるけど、それは結婚してから協力しあってやればいいと考えてみましょう。まだ相手が見つかっていないなら、いつ出逢ってもいい心の準備をしておきましょう。

結婚式や入籍は、ひとつの通過点で、メインは日々の生活です。あなたはその人と、どんな暮らしをしているでしょうか？　**その情景を思い浮かべた時、思わず微笑みがこぼれたなら、あなたは結婚の準備ができています。**

本当に結婚、望んでる？

もしもあなたが、結婚につながらない恋愛を繰り返しているなら、言葉では「結婚したい」と言いながら、本当は結婚しなくていい関係を望んでいます。

身近な人の結婚生活がしあわせじゃなさそうだったり、子ども時代のお父さんとお母さんの仲が悪かったなどの家庭環境は、自分の結婚観に大きな影響を及ぼします。

・結婚にいいイメージがない
・家庭生活を円満に営めるか不安
・結婚生活がイメージできない
・子どもをかわいいと思えるだろうか

不安があればどんどん明らかにして、ざっくばらんにふたりで話してみたらいい。**家庭を持ってみないと、うまくいくかなんてわからない。未然にわかっている必要はないし、困ったと思う度に話し合えばいい。**

ゼロから始まり、いい結婚、いい家庭、いい家族を作り上げていけば、あなたの未来にはOKを出せます！

Chapter
5

恋愛・結婚

パートナーシップが崩れる時、何が起こっている？

もう、敵になってるやん！
思わず、そう突っ込みそうになりました。

「夫のＤＶがひどくて」
「彼が大切にしてくれません」

パートナーシップがうまくいかないんです、とコンサルティングに来た人の話を聞いていると、**旦那さんや、彼氏のことをすっかり敵認定しています。**

もともとは、惹かれあってパートナーになったふたり。

ここまでこじれる前に、何とかならなかったのでしょうか。

もちろん、いつも仲良しではいられない。ぶつかる時もあるでしょう。だけど、それは敵ではなく、単に意見が合わないということのはず。敵になるまでに、やれることはなかったのか。

付き合ってわかることもある。その場合も、逃げる、関係を絶つという選択肢もあったはず。


敵認定してまで一緒にいる必要ある？


人間関係ってひとりではできません。

かかわりあいです。毎秒、毎分、毎日、相手との間柄を自分も選んできて、今があります。

DV夫にOKを出せですって？

今あなたがふたりの関係を継続させているということは、あなたにとって相手が必要だからですよね。

まずは、今のふたりの関係にOKを出してください。

わたしは毎回、「今にOKを出してください」と言います。回りくどいと思うかもしれませんが、これがすごく大切な過程なのです。

OKを出すとは、ゼロに自分を置くこと。

相手が悪いという他責でも、自分のせいでという自責でもない、ただ自分が今を選んでいる、それはこれまでの自分が、この関係を必要としてきたからということを受け入れるのです。

そんな、ゼロから、これからを考えてみましょう。

ふたりが両思いになったり、一緒に暮らすことになったり、入籍したり、結婚したり、そんなラブラブな状態から、なぜ今のようになっていったのでしょうか？

他のずっとうまくいっている、続いている関係と、パートナーとの関係は、どこが違うのでしょうか？

応援してくれる両親を、まさかの敵認定

昔は親とよくぶつかったけど、結婚したり、独立して実家を離れたら関係が良好になったという人もいます。

ぶつかっていた時と今、何が違うと思いますか？

わたしも、上京してからのほうが、実家で活動をしている時よりも両親とは良好な関係でした。

ひと言で言うと、干渉しない、期待しない、依存しないの3ないです。

もともと親との関係性が悪かったわけではないのですが、実家で活動を始めた時は、神経を尖らせていました。両親がわたしに何かを言ってくるというよりは、わたしが構えていたんです。

当時の自分は、動脈瘤という大病を患い、手術をして退院したものの、仕事を失い、詐欺にもあってさし当たってのお金がなかったので、両親が買ってくれたパソコンから、インターネットで収入を得る方法を模索していました。

早くネットで収入を得て、会社を経営している父にも理解してもらえる仕事を確立したい。

この思いは、モチベーションにもなりましたが、両親に対して後ろめたい気持ちから、心の奥で、自分が責められている図式を作り出していたのです。

両親はまったくわたしを責めてはいませんでした。2024年に亡くなるまで、実家に帰ると、父に「仕事はどうや?」と聞かれ、いい意味でプレッシャーになっていましたが、実家で活動していた当時は、まったく何も聞かれませんでした。気になっていたけど、聞かないでいてくれたのでしょう。

ですが、自分の中の家族が、極端に言えば敵認定されていたんです。

相手が悪いと思う時、あるいは自分が悪いと思う時、どちらの場合も相手が敵認定されています。

こじれて敵になったのではなく、**最初から仮想敵として存在していて、その敵に抗うために自分が構えているのです。**

イケメン彼氏を敵認定…悲劇です

イケメンの旦那さんを持った奥さんが、彼はわたしに満足していないんじゃないかしら？　と常に心配し、心を尖らせる。

彼が女友達と仲良くしようものなら、本当は彼女のほうが良かったんじゃないかしらと心配になる。責められてもいないのに自責して、わたしでは満足していないんでしょと、旦那さんのことも責めて、他責になっている。

旦那さんへの猜疑《さいぎ》心から言葉がとげとげしくなり、旦那さんの行動の一部始終が、わたしには満足していないにつながり、卑屈になっていく。

すると、旦那さんも奥さんへの愛情が冷め、ふたりの間も冷え切っていき、旦那さんがＤＶになったり、浮気をしたり、セックスレスになり、愛人を作（以下エンドレス）……。

ただ単に、奥さんが自分に自信を持ち、旦那さんの存在に感謝していたら起こらなかったこと。

こんなイケメンがわたしと結婚してくれてしあわせ！　と、素直に感謝しておけばいいものを、旦那さんがわたしでは満足するはずがないと、**旦那さんを敵認定してしまったのが不幸の始まり**です。

パートナーシップがうまくいっていない時、自分はパートナーを、敵認定していないか、見直してほしいのです。出会った頃の素直な気持ちに立ち返り、ふたりの関係をゼロに戻して見直してくださいね。

Chapter 6

何があっても仕事を楽しむ極意

Chapter
6

仕事

藤沢あゆみ、がけっぷち事件簿

突然、負債を負ったことがありますか？

わたしは、キャリア20年にして、活動資金がショートするという経験をしました。

その状態になるまで、ジタバタしました。なぜなら、すでにわたしに相談をしてくださる方もたくさんいて、発信することでビジネスもうまくいくコンサルティングを提供していたからです。

そんな自分がうまくいっていない話を明かすことは、わたしの指導を受けても、うまくいかないと思われることだから、説得力もなくなるし、これまで指導を受けてくれた人を失望させてしまう。

一緒に仕事をしている人や、取引先もある。今現在、指導を受けてくれている人もいる。


絶対、言えない。


ですが、考えてみたんです。

たとえば、自然災害やコロナのような疫病がいきなり蔓延《まんえん》して、通常の業務を行えなくなり、収益が得られなくなって失業するようなことは、誰の人生にも起こりうる。

もちろん、キャッシュフローが回っていたら、突然のアクシデントにもびくともしないから、わたしが未熟だったことには変わりありません。ただし、人生何があるかわからない。自分の身にアクシデントが起こっても、これは単に自分自身の問題で、一緒に働いている人の信頼がなくなるわけではない。

そう思えたのも、コロナや自然災害など突発的なアンラッキーな出来事が人生にはあることを体験できたからでした。

だからと言って、ほめられたことではないし、開き直ってカミングアウトできるわけではありません。

今、自分にOKを出すという本を書いているわたしは、常にポジティブな発信をしていて、時々自虐的なことを書いても遠巻きに見られ、わたしにネガティブな発信は求められていないと実感していました。

本をこんなにたくさん出して、仕事や出版の相談に乗っている人間がうまくいってないなんて言ったら、きっと、反応しづらいだろう。

わたしは何度も、うまくいっているていで状況を改善しようとチャレンジしました。だけど、**カッコつけた言葉って届かない**んです。そして、それこそが完全ショートするまで、カミングアウトできなかった理由でもありました。

これはもう、ありのまま発信するしかない。

恥をかくなら、これからの人生で一番若い、今だ。

20年のキャリアを失う覚悟で、激白

それでも、公開するにはやり方があります。できることなら、この経験をシェアすることで、誰かにプラスにすることはできないだろうか。**どんな状況であっても、役に立つものでありたい、それは作家として、発信者としての、わたしの尊厳でした。**

当時、世の中はコロナ禍を脱していましたが、歪《ゆが》みがくるのは嵐の後です。これまでうまくいっていた人が、がけっぷち状態に陥っている話をちょくちょく聞きました。

わたしのまわりには、はぶりがよく、うまくいっていると思われている経営者や、わたしのような作家、コンサルタントなど、人に教える立場にある人がたくさんいます。きっとその人たちの中にも、内情うまくいっていなくても弱音をはけない人がいるのではないだろうか。そんな人に、OKを出すような言葉を綴れないか。

わたしは、ひとりでzoomを開いて話してみました。文章に書き始めるとなまじ

文章力があるので（キッパリ）妙にドラマチックに、綺麗にまとめてしまう。

そこで台本なし、一発録りで目の前の人に自分の置かれた状況を話しているていでzoomで話してみたのです。何度も何度も録画して視聴しました。自分の言葉になってきて初めて、文章を起こして、ある日のお昼に意を決して投稿しました。


そのタイミングも計りにはかりました。

当時、定期的に、発信についての講義を行なっていました。その講義の前にがけっぷちカミングアウトしてしまうと、そんな奴の講義、説得力なさすぎて1秒も頭に入ってこなくなる。

その講義が終わり、前の日から準備していた原稿から投稿しました。

ワンピースにジャケットを羽織り、自撮りしました。YouTubeの謝罪動画のように無地の真っ白いシャツにジャケットにするのかなど、いろいろ録り直しました。


「わたしは今がけっぷちです。わたしに仕事を依頼していただけませんか」

一生忘れない光景。ダメな自分にＯＫを出した結果

その後に見た光景を、わたしは一生忘れません。

瞬く間にいいねがついていき、あっという間に500いいね。50人を超える人からメッセージをいただき、結果的に35人の方から仕事を依頼していただき、わたしはがけっぷちを乗り切ることができたのです。

さて、この話のどこが、自分にOKなのでしょうか。

まずは現状にOKを出しました。このOKとは、自分が正しいと思うことではありません。**自分は未熟だったと、みとめる、間違っていたとジャッジを下すことにＯＫをする**のです。

ですが単にジャッジするだけだと、情けなくて次の行動を取れません、未熟さを受け入れた上で、ではこれからどうするかを考える。そして、わたしは、仕事を依頼していただけませんかと呼びかけました。人に甘えることにOKを出したのです。

自分の未熟さにOKを出す
人に迷惑をかけてしまうかもしれないことにOKを出す
人を失望させてしまうかもしれないことにOKを出す
みんな反応しづらいかもしれないことにOKを出す
人に甘えることにOKを出す

わたしが出した5つのOKに返ってきたものは……**人生で初めて受け取る、500人からのOKでした。**

あゆみさん、かっこいいです！
勇気が出ました！
仕事を依頼させてください！
わたしは今のあなたと仕事をしたいです！
今は依頼できないけど、あゆみさんに仕事を依頼できるようにがんばります！

たくさんの、大きなOKをわたしは受け取りました。もしもわたしが、自分のがけっぷちをカミングアウトしなければ、OKを受け取ることはありませんでした。わたしに仕事を依頼してくれたり、共感したと言ってくださる人の多くは、自分と同じように人に教える仕事をしていたり、作家やコンサルタント、経営者のように大変なことがあっても弱みを見せられない立場の人でした。

わたしはあの時、もしかしたらその人たちにＯＫを出せたのかもしれません。

Chapter
6

仕事

仕事にNGを食らったら？

がけっぷちに立たされることによって、わたしは思いがけないOKをいただきました。

そして、改めて自分の仕事を考えてみたのです。確かに、これまでの自分のあり方や、仕事にOKを出していただいて救われた。だけど、**そもそもこの状態に陥ること自体、今までの自分はNGだ。**

これまで、本を何冊も出版して、人の相談に乗り、ありがとうと言っていただくことも、仕事の依頼をいただくこともたくさんありました。たくさんのOKを受け取ってきました。

ですが、それは最適な形だったのか。

自分が、最大限に役に立てていたなら、こうはなっていないはず。

転落したら、一旦ゼロになろう

OKとNGの間にはゼロがあると、わたしは考えています。

一度、自分の活動をゼロにしてみよう。

本を出版してきたこと、相談に乗ってきたこと、それをもっとよくわかる形で仕事にしよう。これまで誰のアドバイスも受けずに仕事を進めてきたわたしは、活動21年目にして初めて、アドバイスを受け、自分の仕事をよくわかる形に立て直しました。

そんな視点が持てたのも、がけっぷちに立たされたからで、応援してくれた人の中から仕事のアドバイスをくださる方がいて、わたしは自分が作家として、出版コンサルタントとして、より自分が活きる発信をし始めたのです。

NGの裏に、未来のOKが隠れてる

あなたは、自分の仕事にNGを出されたことはありますか？
もしも、そんな機会があれば、それは最大のチャンスです。

わたしはがけっぷちに立たされなければ、自分の仕事のやり方を見直してみることはありませんでした。正確には、ああでもないこうでもないと何度も見直しているのですが、それは、自分の狭い視点にすぎず、あれやこれやいじくりまわしているだけで、ゼロにして、最初から見直すことではなかったのです。

わたしは、出版の世界にいる人間の中で誰よりも役に立つ人を目指そう。誰よりも、というのは、他の人が役立たないということではなく、誰よりも役立とうとすること。自分の役立つ度を最大に極めるということです。

それから半年かけて、準備をしました。

自分がこれまでどんなふうに出版してきたかを発信したり、無料で、出版の仕方をお伝えするレッスンをしたり、出版したい人にとことん伴走するサービスをリリースしました。

そうすると、不思議なことが起こったのです。

実は、この本の企画は、2021年には通っていました。その後、担当編集さんが怪我をされ、その間にわたしが2冊の本を出版したりして、企画が進んでいませんでしたが、このタイミングで、編集さんが職場に復帰されて、企画が動き始めたのです。

出版の世界に役に立つことに集中したら、自分の本の企画も進み始めた。

これがOKを出すことのおもしろさです。自分がOKを出すことで、他のゼロになっていたこと、NGだったことがなぜか動き出すのです。

あなたも、自分の仕事や活動にNGを出されたら、NGを出された自分に、自分だけはOKしてあげてください。未熟だったね、だけど自分なりにがんばったねって。そして、勇気を出してゼロになってみてください。落ち着いたら、どうすればこの現状をOKにできるか、じっくり取り組んでみましょう。

NGを食らうこと、それは真のOKを獲得するチャンスなのです。

Chapter
6

仕事

失敗がこわくて挑戦できないなんて、嘘

「あゆみさんって、いつも果敢にチャレンジされている印象がありますが、私は失敗がこわくて挑戦できません」

よく、そんな相談を受けます。

失敗、つまりNGを食らうのがこわくて、挑戦ができないということですよね。

何をもって失敗と思うのか、わたしのようにがけっぷち状態に陥ることは、はっきり言って失敗でしょう。ですが、**失敗したことで、わたしは真のOKを得られました。**

失敗したあゆみさんだけど、そんなあゆみさんに仕事を依頼したいですという人

がたくさん現れ、たくさんのOKをもらったのです。

さらに、自分のNGをみとめ、ゼロにして、本当に自分にOKを出せる仕事をつくり上げました。

失敗したことで、まわりからも自分からもOKをもらったのです。

そう考えれば、**失敗はOKの元**だと言えないでしょうか？

そもそも、失敗とはなんでしょうか？

失敗してしまって、もう立ち上がれませんというなら、わからなくもないですが、失敗がこわくて、ということは、まだ行動してないんですよね。

失敗がこわいのは、まだ失敗していないから

はっきり言って、それが失敗かどうかは、失敗してみないとわかりません。失敗することによって、あなたはこわい思いをするかもしれませんが、不思議なことに、

人間一度体験したことには体験した瞬間、慣れるという習性を持っているのです。

痛い思いをすると、どんな痛さかがわかります。

痛さを恐れるのは、痛い思いをする前です。実際に痛みを経験すると、ああ、この程度の痛みかと、その瞬間、耐性ができるのです。

あなたが失敗を恐れているのは、まだ失敗していないからです。

さっさと挑戦して、失敗しちゃいなさい！

あなたにとってそれが失敗と感じたなら、NGをみとめ、ゼロにして対応策を考えればいいだけです。

一生失敗しない方法、教えます

ぶっちゃけ、**自分が失敗だと思わなければ、それは失敗ではなく経験にすぎない**とわたしは思っていますが、あなたが失敗だと思うことも、失敗がこわいと思うこともOKです。

こわいまま、挑戦してください。挑戦はスマートである必要がありません。ビビりながら挑戦するからこそ美しいのです。

挑戦してそれが失敗に終わってもNGを出した自分に「ナイスファイト」とOKを出し、ゼロに戻して対策を立てればいいだけです。

いつだって失敗は前進への道、失敗こそがOKなのです。

Chapter

7

SNS時代を
軽やかに生きる
あなたの「いいね！」が
みんなの「いいね！」

Chapter 7

SNS時代

誹謗中傷に折れない鋼のメンタルの持ち方

ある日、Xのトレンドキーワードに、アーティストの名前が上がっている。クリックすると、所属事務所からのお知らせが投稿されていました。アーティストは、誹謗中傷を苦にして、命を絶ってしまったと。

発信のアドバイスをしていると、「人に何か言われるのがこわくて発信できない」という人がいます。

誹謗中傷を受けることで、命を絶ってしまう人がいます。

逆に、誹謗中傷だと思っていなかったことが思った以上に刺さってしまい、炎上してしまう事例も枚挙にいとまがありません。

誹謗中傷について、わたしはどう考えるのか。

わたしは、生まれながらにして見た目の症状を持って生まれ、通りすがりに指をさされるというのが人生のスタートでした。そのため、**誰かもわからない人に中傷されるのは、そんなにこたえません**。

また作家なので、自分の本のレビューが最低評価の1をもらうこともありますし、これまでの活動の中で、人とぶつかり合う経験をして、耐性をつけてきたので、誹謗中傷されることには強いかもしれません。

どうして誹謗中傷されるのか、答えはこれです！

そもそも、なぜ誹謗中傷されるのか。

ひと言で言えば目につくからです。わたしが指をさされたのも見た目が人と違っていたからですし、Amazon に自分の本があるから誰でも自由に評価できます。

人目につくということは、言い換えれば魅力的だとも言えます。

まったく目立たなければ、目につくこともなく、批判されることもありません。

だから我慢しましょう、という気はさらさらありません。言われのない攻撃ですし、あなたが誹謗中傷されたと感じたら、**誹謗中傷に堪《こら》える自分にOKを出してください。**今は、誰だかわからない人から誹謗中傷を受けても、開示請求できます。自分に与えられた権利はじゃんじゃん行使しましょう。

その上で、ちょっと考えてみてほしいことがあります。

あなたに誹謗中傷している人は、自分にOKを出せているとあなたは思いますか？

自分にOKを出せていない人が他人にNGを出して、自分をOKにしようとしているとわたしは考えますが、いかがでしょうか？

今の自分に満足できていなかったり、特出した魅力もない……だから目立っている人を引きずりおろしたい。

他人を落として自分を上げようとしている人は、自分が下がっていると本当は思っています。そのことが自分では認識できていなくて、上から目線で高いところからマウントをとっているつもりかもしれませんが、間違いなく沈んでいる人です。

深層心理的には、自分が沈んでいることに気づいているからこそ、人を落として自分を上げようと必死なのです。

その事実を知った上で、あなたは誹謗中傷している人と争いたいでしょうか？

わたしは、誹謗中傷している人をさらに落とそうと思うと、さらに落とされると感じます。

ＮＧにＮＧを返すとさらに大きなＮＧが返ってきて終わりなきマイナススパイラルが起こるだけです。そもそもマイナスに関わると、マイナスに引きずり込まれます。

わたしなら、誹謗中傷は放っておきます。誹謗中傷する人にOKを出します。このOKとは、正しいとかみとめるという意味ではなく、それくらい下がっている人には近づかない、その人の事情なので関わらない。マイナスをもらいたくないから。

その代わり何をするかといえば、プラスの発信をどんどんやって、自分のOKを大きくします。これは**誹謗中傷している人に対してではなく、換気をするように自分の発信をＯＫにするということ**です。それは人からもらったＮＧに毒されないように、**自分で自分にOKしまくって空気を浄化するのです。**

そうしたら、漂っていたマイナスの気が小さくなります。

誹謗中傷している人は、自分がマイナスなので人のことをマイナスに引き込もうとしています。そこで、プラスを出しまくると居心地が悪くなって離れていきます。

ここで大切なのは、**言葉の内容の一つひとつではなく、エネルギーの大きさを意識する**ことです。

誹謗中傷をしてくる人は自分にNGを出しているので、他人にNGを出して人を下げようとしている。自分にNGを出している人にNGを出すと、相手はさらにNGを出してマイナスの応酬になり、マイナスに引き込まれます。

炎上の正体とは？

さて、ここでさらに残念なことに、誹謗中傷をする人には、罪悪感ゼロの人もたくさんいます。

世間でよくある炎上をイメージしてみてください。

始まりは自分にNGを出している誰かの強い思いから始まった誹謗中傷が、ただ炎上に薪をくべるだけの愉快犯的な人もいるのです。実はSNS時代はこのパターンのほうが多いかもしれません。

もちろん、炎上に薪をくべる人の深層心理を見れば、どこか満たされていなくて自分にNGを出しているでしょう。**自分が満たされていたら、誹謗中傷についやす時間も気持ちも無駄なので炎上には参加しません。**ただ、明確なのは誹謗中傷をしてくる元の人に比べて、薪をくべる人の動機はもっと軽いということです。

誹謗中傷されたら、人生を終わらせられるくらいダメージを受けるかもしれませんが、冷静に状況を判断してください。

本気で、誹謗中傷してくる人と、炎上に加担している人を見極めてくださいね。

誹謗中傷に折れないプロセス

では、まとめましょう。

誹謗中傷したくなる相手の状況にOKを出して、傷つけられた自分に、自分でOKを出して自分のまわりをOKで満たす。

誹謗中傷してくる人は張り合いをなくし、自分から離れていき、NGを出せそうな対象を探しに行く。

簡単に言えば誹謗中傷する人は相手にせず、自分にOKを出しまくる、です。

少なくとも、わたしだから傷つけられたなどと思う必要はありません。下げられるなら誰でもいいんです。もしもそれが、あなたにとってプラスになる忠告や助言であれば、あなたはそれを、誹謗中傷とは感じないはずです。

自分でダイエットしようと思うだけだと挫《くじ》けていたのが、たとえば、好きな服を着てインスタにアップしたらデブだと書き込まれて、よし、もっとスタイルよくなろう！　とモチベーションが上がったら、誹謗中傷をプラスにできていますよね。誹謗中傷の中にも、自分を成長させてくれる気づきがあれば、それはどんな言い方であっても、OKをもらったと思って役立てましょう。

誹謗中傷に傷つきやすい人は、もともと他人に対してOKを出している優しい人です。だからこそ、堪《こら》えるのです。

わたしが誹謗中傷をフラットに捉えられるのは、2000年代からネットのコメント欄などで反対意見を書かれたり、他人に否定される経験を積んで、少しずつ耐性をつけていったからです。

優しいあなたは、無理をしないで。どうしてもゆるせないと思ったら感情を入れずに、開示請求など必要な手続きをして次にいきましょう。**嫌なことは嫌だと言えることは、勇気がいることであり、それをできた自分にOKを出して、**次に進みましょうね。

Chapter 7

SNS時代

人生終わらせる前に、読んでください

自分の人生をどう生きるか。

それは、すべての人にとって自由だと、わたしは考えています。

だから、「自分の人生をこの辺で終わらせたい」と思う人が、思い通り人生を終わらせることがあっても、そんな自分にOKを出していい。

もちろん、悲しむ人もいるし、生きていたらまだ見ぬ可能性があるのは事実。

だけど、**死にたいと言う人に、そんな生き方はダメだと誰にも言う権利はないと**思うんです。

それを言っていいのは、あなたが死んだら悲しいと思う、まわりの人たちだけ。

死にたいと思うのは自由

死にたいと言う人に、どれくらい大変な理由があるかどうかで判断して、大変な理由がないと、その程度でと言いがちですが、実は、それが死にたくなる人を苦しめていると聞いたことがあります。

あなたは、世の中で有名人と言われる芸能人や、経営者など、社会的に成功していてお金にも困っていなさそうな人が、死にたいと言ったらどう思いますか？

死にたいと思うことに、理由は関係ない。

逆に、死にたいと思っても仕方がないような環境にあっても、死にたいとは思わない人もいる。

わたし自身、結構大変な環境に置かれた時、だからこそ生きていてしあわせをつかみたいと思いました。

実は、世の中的に恵まれている人こそ、死にたいと思う気持ちを誰にも言えなくてなやんでいることがあります。

公のメディアやSNSに書くのはもちろん、ファンの人を失望させるし、世間からも恵まれているくせに贅沢だと言われるのではないか、「自分には死にたいと思う権利はない」となやんだ経験を、ある有名なアーティストが話していました。

そのアーティストは、死にたいと思う気持ちを共有できるコミュニティを開いていました。客観的に見れば、その人は大成功して売れている方です。ですがその情報を知った時、多くの人が救われるんじゃないかなと思いました。


その人は、社会的に見れば自分が恵まれていることも自覚されていて、だからこそ、死にたいと思ってはいけないんじゃないかと自分を責めてきたそうです。

それも、才能だとわたしは思いました。死にたい気持ちがわかる人だからこそ、繊細な感性を持っていて多くの人の共感を得られる作品を生み出せるんだなって。


どんな環境にある人も、死にたいと思う気持ちを持つことにOKを出したいと思います。ただし、ならばソッコー死んでOKかといえば、そこは、ちょっと待ってと言いたい。なぜなら、人生には無限の可能性があるから。

今のあなたは、死にたいと思っている。思うことはOKだし、あなたが死ぬことを選んでも阻止する権利は誰にもないけど、**明日のあなたには、死ぬなんて惜しいと思うくらい、生きたくなる出来事が起こるかもしれない**から。

死にたいと思うこともある自分にOKを出して、だけど、今日はたまたま死にたい気分で、明日は生きたくなるかもしれない可能性にもOKを出してほしい。

明日は「生きてもいい」と思うかもしれない

さらに、生きたくなる出来事というのは、必ずしもすごいラッキーなことや、生きる使命が見つかった！　みたいなすごい出来事とは限りません。

死にたいと思った今日と、変わり映えしない明日でも、「ま、わざわざ死ぬこともないかな」程度の心変わりかもしれません。

それくらい、死にたいと思うことを重く捉えすぎないでほしいし、死にたいと思っている人があなたのまわりにいたら、責めないでほしいんです。

「そうなんだ」と、ただただ話を聞いてあげてほしいです。死にたいと思う気持ちにOKを出してあげてね。

死にたいと思っていいんだ。そう思うだけで、楽になることもあるんです。

自分よりずっと恵まれていると思う人も、死にたいと思うこともあるんだ。死にたいと思うことに権利や条件はないんだって。そう思う日があることを特別なことだと思う必要はないし、自分が死にたいと思ってもOKなんだって。

調べてみると、死にたいと思う気持ちに優しいコミュニティやサポートもあるよ。あなたの、その気持ちをとめて、生きなさいという場所ばかりではない。調べてみて。だけどね、人生には無限の可能性があって、明日は生きたくなるかもしれないことも、ちょっと頭に置いておいてほしいな。

Chapter
7

SNS時代

自分に本気で「いいね！」しよう

いつの頃からか、SNSには「いいね！」という機能が生まれました。

2000年代当初、わたしがネットで活動を始めた頃、こんな機能はありませんでした。Facebookやアメブロの「いいね！」は、Xやインスタでは「♡」、noteでは「スキ」ですが、投稿にポジティブな反応を意思表示するという文化です。

SNSとの付き合い方というと、誹謗中傷や、炎上の話になりがちですが、**本来SNSには、ポジティブなアクションをしやすいしくみが標準装備されているのです。**

使い方次第では「いいね！」や「♡」、「スキ」といった、ポジティブを生み出す機能もある、しかもクリックひとつで。

さらに言えば、**どんなSNSも始めはゼロから始まります。**どんな有名人でも無名の人でもSNSを初めて開く時はフォロワーさんゼロ人です。実はSNSって、すべての人に平等で優しいのです。

SNSで自分にOKを出しまくれ！

この本のテーマになっている、「自分にOKを出す」ことは、まさに「いいね！」「♡」「スキ」をクリックすることです。SNSを楽しんで自分にOKしまくりましょう。

よく、Xには人の悪口や愚痴が溢れていて荒《すさ》んでいるという話を聞きます。わたしも2009年くらい、「Twitter」と呼ばれていた頃からXをしていますが、わたしのXのタイムラインではそういう投稿をまったく見かけないので、そうなのかなと不思議に思っています。

実は、Xに何が表示されるかは、自分が普段どんな投稿をしているかでシステム的にどんなことが表示されるかが決まります。

タイムラインもそうですし、トレンドキーワードも自分の興味を反映した話題になります。自分が否定的な投稿をしたら、それに反応する人も否定的なコメントをしてくるでしょう。

わたし自身が愚痴や悪口、社会に物申す、誹謗中傷するなどの投稿をしていないので、自ずとそういった投稿を見かけることもないんです。

わたしのXには何が表示されているかといえば、ファンであるプロ野球、北海道日本ハムファイターズの話題がよくトレンドキーワードに上がっています。チームが負けると、監督や選手に誹謗中傷する投稿をしている人もいますが、同じかそれ以上に応援する人の投稿があり、自分自身も応援しているので、特に誹謗中傷が目につくとは感じていません。

わたしはもちろん、ファイターズのことだけではなく、出版の仕事のことや日常のこと、自己啓発的なメッセージなどいろいろなことを投稿していますが、なかでもファイターズを応援している人は多いので、自分の投稿の中でも多く話題に上がっているファイターズのことがトレンドキーワードに上がっているのです。

というわけで、わたしのXはとても平和で、わたしはXが大好きです。

あなたのタイムラインが荒んでいく、こわい真実

あなたのXのタイムラインには、どんな投稿が流れてきますか？　トレンドキーワードにはどんなキーワードが上がっているでしょうか。

もしもあなたが、**「Xって荒んでいて嫌だな」と思っているなら、あなた自身がネガティブな投稿をしていませんか？** 類は友を呼ぶがシステム化されているのがXだから、あなたの投稿の傾向を変えたら、流れてくる投稿も変わってくるかもしれませんよ。

ＳＮＳで発信力を高めることを仕事にしていないなら、本来ＳＮＳは嫌なのに無理にする必要のないものです。しんどい、疲れる、傷つくと思ったら無理にやらなくていいんです。

何かの制限があるわけじゃないけど、ＳＮＳを楽しみたいなら、ＳＮＳの、「いいね！」「♡」「スキ」で、簡単に自分にＯＫしまくれるシステムを活用してＳＮＳで自分にＯＫしちゃいましょう。

あなたの投稿の傾向がタイムラインに反映されるのですから、普段の投稿はあなた自身が「いいね！」と感じること、思わず「♡」を押したくなるようなこと、「スキ」と思うことを投稿しましょう。そして自分の投稿に「いいね！」を押しましょう、「♡」を押しましょう、「スキ」を押しましょう。

誰かの投稿で、「いいね！」と思ったら「いいね！」を押しまくりましょう。

ちなみに、アメブロでも、Facebookでも自分から「いいね！」を押せる回数は一日５００件です。わたし自身、押してみていいね切れしたのでわかりました。

もちろん、無理に美辞麗句を述べる必要もなければ、優等生ぶってポジティブなこと以外発信できないと思う必要もありません。

ただ、これをリアルのコミュニケーションと考えてみてください。

面と向かってXに書くような誹謗中傷を、生身の人間にぶつけられる人はほとんどいませんし、あなたが、一般的にメンヘラと言われそうな愚痴やネガティブなこと、誰かの悪口をSNSに書いているとしても、実際に誰かに話すことはありますか?

ネガティブの発散はSNSでするべからず

愚痴りたくなる日もあれば、悪口言いたいこともある、だけどリアルの人間関係で、その悪口をあなたやその人の友達全員に告げ口して広めそうな人には言いませんよね。

SNSで愚痴を発信するのは、友達全員にかまってちゃんをする、悪口を発信するのは友達全員に告げ口をしているようなものです。

それがいとも簡単にできてしまうし、やったら楽になれそうな気がしますが、後々めんどくさいことになります。

発信されていることを見ると、その発信がその人自身だと勘違いしますが、それはその人の一部でしかありません、ネガティブなことを発信している人もポジティブな気分になることもありますし、その逆も然りです。

無理にいいことを発信しましょうという話ではなく、自分のタイムラインがこんな発信で溢れたらいいなぁと思っているポストがあるとしたら、その感性はあなたにもあります。まずはあなた自身から、あなたの投稿に自分でOKを出す投稿をしてみてください。

そして、愚痴りたくなった時は、SNSのようにデジタルタトゥーが残る場ではなく、リアルでおいしいものでも食べながら「ここだけの話」で発散してお互い終わりにしてくれる人と話して、気持ちよく発散しましょう。

自分いいねと思える投稿をして、自分の投稿にも、「いいね！」な人の投稿にも「いいね！」しまくり、**自分にOKを見える化**してみてください。そうすればタイムラインにもあなたやフォロワーさんの「いいね！」なポストが溢れるでしょう。

あなたの「いいね！」がみんなの「いいね！」

それが、自分にOKをするおすすめのSNS活用法です。

Epilogue

世界はあなたをALL OKしてる

藤沢あゆみです。

ここまでお読みいただき、ありがとうございました。

あなたがこれまで、NGと思っていたことに、OKが出せていたらうれしいです。

最後に、あなたにお伝えしたいのは、この先何が起こっても、あなたの人生はA

LLOKだということです。

わたしは、すべての人はOKに向かっていると思っています。

そう言うと、全然そんな気配がない、自分の人生は今ハードモードでしんどいよと言いたくなるでしょうか？

わたしにも、先が見えなくて、しんどかった時間があります。
2年くらいですが、どうやって生きていたのか、当時の記憶がないのです。

この本に、がけっぷち経験を書いていますが、その時は応援してくれる人がいました。
立ち直れなかった2年間、わたしを応援してくれたのは家族だけでした。
その家族が、プレゼントしてくれたパソコンで、恋愛相談に回答し始めたことで、わたしの人生はOKに向かい始めたのです。

あなたが、どんな苦しい時にも必ず、そんなあなたにOKを出してくれる存在がいます。

それは家族とか、恋人とか、仲間とか、わかりやすい存在だとは限りません。

たとえば、カフェで、飲んだ温かいカフェオレがおいしかったなら、カフェオレを淹れてくれる店員さんや、温かいカフェオレがあなたにOKを出してくれているのです。

自分のすべてにOKを出すには、自分にOKを出してくれている存在に気づくことです。

カフェオレや店員さんは、お金を払ってオーダーしたことに応えているだけだから、別に自分にOKを出してるわけじゃないと思うでしょうか？

自分のすべてにOKを出せる人とは、自分に向けられた小さなOKを見逃さない人です。

しんどい時はこれが永遠に続きそうな気がするし、うまくいっている人を見て、不公平に感じてしまうのも無理はありません。

そんな時は、人生を長いサイクルで考えてほしいのです。

今はうまくいかない、だけどそれは人生の中の一時期に過ぎず、それが永遠に続くわけではないからです。

この本を読んで、自分に起こることのすべてをOKに変える方法を知ったあなたが、物事をOKと捉えようと思考を変えたとしても、実際にはなかなかOKな人生にならないこともあるでしょう。そんな現実に歯がゆさを感じるかもしれません。

自分にOKを出しても、すぐにOKな人生にならないのは、なぜ?

たとえば、スタイルよくなろうと、ダイエットを始め、ヘルシーな食事に変えて、運動の習慣をつけてもすぐには成果が出ません。

成果が出ないからと言って、その行動は無駄でしょうか?

違いますよね。すぐに成果は現れなくても、すでに、心身ともにスタイルがよくなるほうに向かっているはずです。

時間をかけて、それを続けたら、やがてスタイルアップ達成という OKをカタチにできます。わたしも、一年かけて10kgスタイルアップしました。

OKになる行動をとっても、実際にOKになるにはタイムラグがある、焦りは禁物、ゆったり構えてほしいのです。

そして、あきらめずOKになる行動をし続けてほしいのです。

今、すでにOKな人たちもかつて、人生のNGをOKに変えるために活動してきたのかもしれません。あなたの目の前に現れるOKな人は、すべてを持っているようですが、持っていない時期もあったのではないでしょうか。

あなたがもし、今の自分NGだ、なんなら不幸だと思っていたとしても、あなたはずっと不幸ではありません。**人は基本的にしあわせに向かっている、つまり**

OKに向かっているという前提をわたしは持っています。

今がどんなに悲惨でも、長い人生の中では必ずしあわせになれる。いや、今現在もしあわせに向かっている。そんな風に考えているんです。

気休めに感じるでしょうか？

人はみんな、自分の年表を生きている

ここで、思い浮かべてほしいのが歴史の時間に習った、年表です。

江戸時代、室町時代、というアレです。

あなたが、うらやましく思う人が、今、平和な令和時代を満喫しているとして、今逆境にいるあなたは、人生年表の中の江戸時代を生きている。人生の夜明けがまだきていない状態。ですが、夜明けが来ていないからといって一生闇とは限らない。

何より「自分のすべてにOKを出せば人生はこんなに変えられる」というタイトルのこの本を手に取っていること自体、間違いなくOKに向かっているのです。

年表はその人によって違います。ある人は江戸時代、ある人は令和時代、あなたが江戸時代を生きているとしても、あなたが劣っていたり、遅れているわけではありません。

そして、逆もまた然り。あなたがOKに向かっているのに、家族や恋人など、近い人がNG行動をとっていて、自分も巻き込まれてOKになるものもならないというケース。

そんな時は、関係が近いことと、個々の人生は別だということを忘れないでください。

あなたの大切な人が、激動の江戸時代を生きているからといって、あなたがあと一歩でＡＬＬ ＯＫになる、平成時代を生きているなら、あなたも一緒に江戸時代に戻る必要はありませんし、江戸時代を生きている人が間違っているので、人生を変えようと一生懸命になる必要はありません。

あなたがただ、OKを生きているところを見せていけばいい。それでも大切な人がＮＧのままなら、それはその人の人生の選択。恋人だったら別れることになるかもしれないけど、人ができることは、自分の人生を生きることしかありません。

どうか、自分で自分の人生を見限らないでください。
あなたは、これからも、あなたのすべてにOKを出し続けてください。
そうすれば必ず、人生はこんなに変わるのか！と実感できる日が来ます。

あなたの、ALL OKな人生を応援しています。

藤沢あゆみ

ALL OK!

次はこちらでお会いしましょう ☆☆☆

藤沢あゆみオフィシャルブログ
https://ameblo.jp/motezo/

藤沢あゆみのできることすべて
https://ameblo.jp/motezo/entry-12824044257.html

未来の作家を応援しています
https://ayumifujisawa.hp.peraichi.com/taiken

Special Thanks
Ken Honda
Takako Takahashi
Miki Toda
Tetsuya Shikata
Keiko Shikata
&
Kanshari Community

著者紹介

藤沢あゆみ

10人中9人が振り返る先天的な見た目の症状を抱えつつ、友だちに好かれる方法を幼少時代から研究。どんな条件に生まれ育っても人生にOKを出す人生論を構築した。2003年より文章術、自己実現、恋愛などをテーマに29冊、累計70万部の書籍を上梓。代表作『1秒で彼を夢中にさせる本』(KADOKAWA)ほか、共著に『モテ本!』(大和書房)、『「WEB文章術」プロの仕掛け66』(日本実業出版社)など。テレビ・ラジオ・雑誌取材も多数。

本書は、自身の体験と多くの悩み相談を受けてきたその実績から、できそうでなかなかできない「自分のすべてにOKを出す」というテーマで書き下ろした渾身の1冊である。

自分《じぶん》のすべてにOKを出《だ》せば、
人生《じんせい》はこんなに変《か》えられる

2025年2月10日　第1刷

著　　者　藤沢《ふじさわ》あゆみ
発 行 者　小澤源太郎

責任編集　株式会社 プライム涌光
電話　編集部　03(3203)2850

発 行 所　株式会社 青春出版社
東京都新宿区若松町12番1号 〒162-0056
振替番号　00190-7-98602
電話　営業部　03(3207)1916

印刷　共同印刷　　製本　フォーネット社

万一、落丁、乱丁がありました節は、お取りかえします。

ISBN978-4-413-23392-7 C0095